花岡の心を受け継ぐ

大館市が中国人犠牲者を慰霊し続ける理由

ナビゲーター 池田香代子

石田寛　小畑元　川田繁幸　内田雅敏

山本陽一　谷地田恒夫

かもがわ出版

はじめに
花岡事件とは――大館市の郷土博物館にある紹介文より

昭和一九年から二〇年にかけて、九八六人（内、途中死亡七人）の中国人が花岡鉱山にあった鹿島《かじま》組花岡出張所へ連行されました。彼らは花岡川の改修工事、鉱滓堆積《こうさいたいせき》ダム工事の掘削《くっさく》や盛土《もりつち》作業に従事させられ、道具はシャベルとツルハシ、モッコだけでした。

作業所での扱いは過酷《かこく》なもので、補導員の中には指導の名のもとに激しい暴行を加える者もいて、加えて敗戦直前の時期から国内の食糧事情の悪化が彼らの上にも重くのしかかり、耐えがたい暴行と空腹で精神に異常をきたす者もでました。「中山寮《ちゅうざんりょう》」に強制連行された九七九人のうち一三七人が死亡し、更に暴行や栄養不良で身動きできない重症者が多くいました。

餓死《がし》か、暴行によって殺されるか、という状況の中で、耿諄《こうじゅん》大隊長ほか七人の幹部は「このままではみんな殺されてしまう。もはや一日も忍耐できない、蜂起するしかない」と考えました。寮内の動きを調べ、蜂起《ほうき》は六月三〇日の真夜中と決定。しかし、計画が知れわたると規制がきかない者もでてきて統制は大きく崩れ、以後の組織的行動は不可能となりました。とりあえず逃走命令を発しそれぞれ逃げましたが、重症者の一群は神山《かみやま》付近で最初に捕まり、次に身体の弱っている一群が旧松峰《まつみね》付近で捕まってしまい、残る主力集団約三〇〇人も獅子ヶ森《ししがもり》山中に逃げ込み抵抗はしたものの食糧も水も無く力尽き次々と捕らえられてしまいました。

捕まった者たちは七月一、二、三日と共楽館《きょうらくかん》前広場に炎天下のもと数珠繋《じゅずつな》ぎに縛《しば》られ、座ったままの姿勢でさらされました。三日の夜に雨が降ったため何人かは死なずにすみましたが、大勢が亡くなりました。

死体は一〇日間も放置されたあと、花岡鉱業所の朝鮮人たちの手で三つの大きな穴が掘られ埋められました。この後も中国人の悲惨な状況に変化は無く、七月に一〇〇人、八月に四九人、九月に六八人、一〇月に五一人が亡くなりました。終戦後の一〇月七日、アメリカ軍が欧米人捕虜の解放のため花岡を訪れ、棺桶《かんおけ》から手足のはみ出ている中国人の死体を見つけ、その日のうちに詳細な調査を開始しました。こうして「花岡事件」が明らかになっていきました。

強制連行の途中で亡くなった中国人の慰霊《いれい》や花岡で亡くなった中国人の遺骨は、信正《しんしょう》寺《じ》（花岡）の蔦谷達道《つたやたつどう》師により供養が続けられ、昭和二八年に中国へ送還されました。昭和三八年一一月に花岡十瀬野《とせの》公園墓地で「中国殉難烈士慰霊之碑《ちゅうごくじゅんなんれっしいれいのひ》」が、昭和四一年五月には花岡姥沢《うばさわ》で「日中不再戦友好碑」の除幕式が行われました。

花岡事件を後世に語り継いでいくため、平成二二年四月一七日、「花岡平和記念館」が花岡町前田に建設されました。

＊文中の引用文やコラムで「大館市史」と明示しているのは大館市史編さん委員会編／大館市発行『大館市史』（昭和六一年）の第三巻第三節「花岡事件」からの、「花岡平和記念館」とあるのは花岡平和記念会編集の同名パンフレットからの引用です

目次

補章

第一章〈出発期〉

行政の責任で慰霊を開始した山本常松さんのこと

池田香代子

二〇〇四年六月三〇日、私は大館市の十瀬野（公園墓地）で開かれた花岡事件犠牲者の慰霊式にはじめて参加しました。それ以来、もう一七年が経過しています。その間、何回か伺えなかった年もありますが、できるだけ参加させていただいています。

戦時中、とりわけ戦争の末期になって、炭鉱や鉱山などの労働力不足を補うため、朝鮮半島や中国から多くの人びとが日本の各地に強制的に連れて来られました。中国人については、一九四二年一一月、東条内閣が閣議決定した「華人《かじん》労務者内地移入に関する件」がその始まりです。

中国人強制連行は一九年三月から本格的に始まり、政府の国家動員計画には「華人労務者三万人」が見込まれていた。同年秋に山東省を中心に「一九秋山東作戦」、翌年一月から三月に「二〇春山東作戦」を展開、「百姓は捕まえて労工にせよ」「軍隊の食糧はいっさい現地で賄え」「被服は作戦地で自由に調達しろ」「行動をひとしくし、情報収集を強化し戦果を拡大せよ」との指示を受け、部隊間の戦果競争が繰り広げられる。

……『華人労務者就労事情調査報告書』（昭和二一年三月、外務省管理局）によると、強制連行された中国人は四万一七六二人で、そのうち収容所から乗船までの間に二〇一五人が、船内で五六四人が死亡し、日本に上陸したのは三万九一八三人であった。さらに国内各事業所に到着するまでに二四八人が死亡した」
（『大館市史』）

戦争に勝たねばならないという至上命令のため、労働は日増しに過酷なものとなり、食料不足なども相まって、少なくない人びとが命を落とすことになりました。現在の大館市にあった花岡鉱山も、悲劇の舞台の一つです。鹿島組（のちの鹿島建設）が藤田組（のちの同和鉱業）から土木工事を請け負い、強制連行の中国人を酷使して、のちに花岡事件と呼ばれる出来事を引き起こすことになったのです。

七月には内務省・厚生省・秋田県警察部一行二〇数名が花岡鉱山に来て、花岡鉱山クラブで花岡鉱業所・鹿島組に対し、中国人の取り扱いに関する基準事項を次のように指示した。
（中略）
(a)宿舎の構造と設備が華労《かろう》（中国人労働者のこと―引用者）に対して贅沢過ぎる
理由　粗末な穴倉式仮小屋が華労の性格に適する

(b)蒲団の支給量が多過ぎる
理由　華人の労働者が露天生活する者が多い
(c)食糧の給与が贅沢過ぎる。現給（二二キロ）でも多過ぎた
理由　華人の労働者は麦粉は主食でより下給な食糧をとって居る（後略）　（『大館市史』）

服装は中国から着たままのペラペラな服一枚でした。冬になると凄く寒くて我慢できなくて、寝る時に使う毛布を体に巻いて、外側に単衣の服を着て仕事に行きました。帰って来たら外側の服を脱いでそのまま寝る事になりました。

冬でも草鞋《わらじ》です。素足に履きました。そして、水の中で働いていて水からあまり脚が出ないようにずっと立っていました。なぜかというと、もし水から出ると凍ってしまうので、草鞋と自分の足がくっついてしまうからです。しかし、凍傷になりました。草鞋が凍ってしまい足の肉がくっ付いてしまいました。私はこの足を見たくありません。見るたびに死にたくなります。

（張二牛さんの証言）　（『花岡平和記念館』）


私はずっと中山寮の中で炊事係をさせられました。当初一日に二〇キログラムの小麦粉を八袋使用していました。三〇〇人にはとても足りない食料です。その上一か月後に六袋に減らされま

した。さらに、まだ真冬ではないが寒くなり始めたころ、小麦粉の配給が停止されて全部ドングリ粉になりました。色は、栗のように黄色味がかっていました。私たちは、ドングリ粉をウォトウと同じような形にして朝昼二つずつ食べました。それほど味は悪くないのですが、食べ終わって一時間もたたないうちにまず腹が痛くなり、すぐ下痢が始まります。昼までに二〜三回用便に行かなければならず、間に合わずにズボンに漏らしてしまった人もいました。しかし、また昼に食べなければなりません。

みんなの体調が悪くなっていき、前よりもさらに死ぬ人が多くなりました。耿諄大隊長はとても焦り、日本人に交渉しました。その結果、一か月余り後にまた小麦粉に戻ったわけです。その頃にはもう冬になっていました。（王文博さんの証言）（『花岡平和記念館』）

こうした扱いに耐えかね、終戦間近の四五年六月三〇日、多くの中国人が集団脱走して抵抗しますが、全員が捕えられ、一〇〇名あまりが亡くなることになります。中国人が死亡したのは花岡鉱山だけではなく、全国には犠牲となった人々を弔う慰霊碑が少なからず建てられています。毎年、慰霊式が行われているところもあります。しかし、大館市には、その慰霊式が何十年間も行政の主催で執り行われているという、他にはない特徴があります。国政のレベルでは日本と中国や韓国、北朝鮮との関係は、たびたび深刻な場面に立ち至ることもありましたが、大館市による慰霊式はそれにも揺らぐことなく続いてきました。そうした現実に接するたびに、「大館市は日本が世界に誇る宝だ」との思いが募ります。そして、「なぜ大館市ではそれが可能なのだろう、それを知りたい」と強く願うようになりました。本書は、その思いから誕生したものです。

受難の同胞、曹蘭高は、死ぬ寸前に、私に向かって「自分に一口だけでも食わせてくれ」と叫んだ。受難の同胞、張福明は、「隊長、私はもう駄目だ。もしも皆がある日帰国できたら、どうか私の家の者に伝えてほしい。私の娘は小英子といいます」と、言ったかと思うとそのまま死んでしまった。両目はまるく見開いたままで、まことに死んでも死にきれないありさまだった。ある受難者の同胞は、あまりの空腹に我慢できず理性を失い死体を焼くときにこともあろうか同胞の肉を食べることとすらした。

地獄のような残酷な虐待の中で、我々中国人は、毎日飢餓と殴打の故に死んでいきました。私は一〇〇〇名の受難者の大隊長であり、全ての責任を負っていました。同胞を救済する義務があったのです。私は、二度にわたって出張所長の河野正敏に向かって、食糧の量を増やすこと、生活条件を改善することを申し入れました。しかし、河野は聞こえないふりをして、少しも気にとめようとしませんでした。ここから見ても、彼らが少しも人間の心をもっていなかったことが見てとれます。このような、忍耐の限度を越えた状況の下で、我が同胞の命を救う為に、人間の尊厳を守る為に、民族の尊厳を守る為に、全ての同胞を率いて暴動を起こし、抗議の意志を示す以外に私たち中国人にとっては道がなかったのです。(耿諄さんの証言)　(『花岡平和記念館』)

1、花岡町での開始から花矢町へ、そして大館市への引き継ぎへ

●一九五〇年に最初の慰霊式が行われた背景

慰霊式がずっと継続していると言っても、まずそれを始めた人がいなければ、その後に続くこともありません。関係する資料を紐解《ひもと》くと、花岡町の山本常松《つねまつ》町長が一九五〇年七月一

日、個人の資格で信正寺にある華人死没者追善供養塔の前で慰霊を行った、と記録されています。これが行政の長がかかわった慰霊の最初だと言われています。

山本さんは一八九三年の生まれ。第二次世界大戦後の四七年、公選制で行われた最初の選挙で花岡町長になります。五五年、花岡町《はなおかまち》と矢立村《やたてむら》が合併して

山本常松《つねまつ》さん

花矢町《はなやまち》が誕生すると、町長の座をいったん藤盛直治氏にゆずりますが、その年の末、町議会で町長不信任決議が可決されると、翌五六年二月の選挙で町長に返り咲きました。その後、六七年一二月に花矢町が大館市と合併するまで山本さんは町長を続け、慰霊式を行ってきました。

花岡事件が起きたのは一九四五年ですが、五年後の五〇年に慰霊の催しが行われたのには理由があります。その前年、花岡町に在住していた在日朝鮮人が中心となって、かつて鉱山で働く中国人が居住していた中山寮の跡地を調査したところ、中国人のものと思われる遺骨が発見されたのです。中国人の遺骨は、戦後すぐアメリカ軍が発見し、鹿島組によって火葬

されて、約四〇〇の木箱に収められて信正寺に安置され、住職の蔦谷達道師が読経《どきょう》して供養《くよう》しました。その際に取り残されていたものが、四年後になって発見されたのです。

戦後すぐの混乱期から時間も経ち、平穏な日常がもどりつつありましたから、新しい遺骨の発掘は大きな話題になったようです。四九年一一月には、鹿島組が信正寺の裏に地下式の納骨堂《のうこつ》をつくり、その上に供養塔を建立しました。山本常松町長による第一回目の慰霊は、このような背景のもとで行われたものでした。

この時、中国人の遺骨発掘を先導したのは朝鮮の人々だったわけですが、これには、官斡《あっ》旋《せん》や徴用《ちょうよう》などで植民地朝鮮から日本各地に動員された人々が、鉱業の盛んだった花岡周辺にもやってきて、戦後その一部が帰国せずに留まっていた、という経緯があります。

朝鮮の人々は、四二年ごろから花岡鉱山で働いていたようです。そのうちの一一人は、四四年五月に起こった同鉱山の七ツ館《ななつだて》坑の落盤《らくばん》事故で、日本人労働者一一人とともに生き埋めになりました。会社は救出や遺体捜索《そうさく》にはほとんど手を付けないままに、事故を処理しました。二二人の遺骨は今なお地中深く眠り、信正寺の一角に慰霊の石碑が建っています。

こうして日本人一一名、朝鮮人一一名が生き埋めとなり遺体の発掘も行なわれなかった。この事件は会社が軍需に追われ、廃坑への充填作業を怠り、人命を軽視した乱掘の結果起こったといえよう。これは当時の鉱山管理態勢が、鉱山労働者に対しいかに劣悪な処遇を施していたかを示す事件の一つである。

（「大館市史」）

事故が起きた坑道の上には、花岡川が流れていました。それが落盤につながったとして、この川の流れを変える切り替え工事が計画されました。敗戦が一年後に迫る四四年八月、この工事に投入されたのが、強制連行の中国人たちでした。危険な坑道に入れられた日本人と朝鮮人も、真冬も水に浸かって作業させられた中国人も、命を軽んじられたことに変わりはありません。しかし中国人の場合、戦争末期の物資不足に加え、敵国人であるということも相まって、その境遇はよりいっそう過酷でした。

（『花岡平和記念館』）

戦後、中国人の遺骨が搬入された信正寺の蔦谷住職は、それ以前から中国人犠牲者の慰霊と深くかかわっています。「大館市史」には以下のような記述があります。

「蔦谷達道師は中国人遺骨とのかかわりについて、『最初は一九年の秋、日本に連行されてくる途中に死亡した人の慰霊祭を鹿島組からたのまれ、その後も何回か読経をたのまれた。

終戦後、鹿島組から四百余の遺骨をあずかり、納骨堂を建てるよう話したが、それっきりになってしまっていた』（日中友好協会大館支部準備会『日中月報』一号一九六三年より要約）と話している」

「住職はこの遺骨を信正寺に安置し、昭和二四年末まで供養を続けた」

行政の長がかかわった慰霊の開始は一九五〇年ですが、中国人犠牲者の供養は、戦中から継続して行われていたのです。

●新たな遺骨の発掘と中国側との交流

その後、花岡町・花矢町では、中国人の遺骨を本国に送り返そうという運動が始まります。六四年までの間に一一回にわたって遺骨が返還され、それに応えて中国紅十字《こう》（赤十字のこと）代表団が訪日して合同慰霊祭を行うなど（五四年が最初）、中国側との交流も深まっていきます。

大館の著名人を紹介した『大館の人・事典』（『大館の人・事典』編集委員会／編、二〇一〇年刊）という資料があります。そこには、山本常松町長のことが四六行にわたって紹介されています。その内の八行は花岡事件に関する記述です。ご紹介しましょう。

「先の大戦中強制連行され、花岡の地で死没した中国人の遺骨送還事業に地元自治体として積極的に協力し、丁重無事に遺骨送還を実現させた。さらに十瀬野公園に「殉難中国烈士《ママ》慰霊碑」を建立、町が主催し毎年慰霊祭を実施し、合併後は大館市がこれを引き継いで例年六月三〇日に、慰霊祭が行われている」

現在の大館市による慰霊式は、ここに記されている十瀬野公園の「中国殉難烈士慰霊之碑」の前で実施されています。この慰霊碑は、山本さんが花矢町長だった六三年一一月、町と鹿島建設、同和鉱業の三者で建立されたものですが、その直接のきっかけとなったのは、新たな遺骨が発掘されたことでした。

六〇年春、同和鉱業が姥沢でダムの建設作業をしていたところ、数体の遺骨が出土し、同和鉱業が密かに信正寺に納骨したとされます。それがのちに広く知られるところとなり、山本町長などが現地を調査。その結果、遺骨がまだ出土する可能性が浮上します。

六三年、遺骨の再発掘作業が本格的に行われることになります。鹿島建設と同和鉱業、花矢町が協力し、中国人俘虜殉難者慰霊実行委員会が立ち会うという形です。発掘作業は六月五日から一三日までの九日間、慰霊実行委員会による「一鍬《ひとくわ》奉仕運動」の呼びかけに応じ、全国から集まった労働組合員ら約五〇〇名の参加のもとに行われました。その結果、一三箱の遺骨が発掘されました。

花矢町教育委員会が発行した「花矢 大館 地方史」という年表があります。六三年のところには、「中国人遺骨発掘（六月五日～一四《ママ》日）」、「中国人代表団を迎えて「中国人慰霊碑除幕式」（十瀬野公園墓地）」とあります。除幕式には中国からも代表が参加していたということです。山本町長の熱意がこういう形で実っていったのでしょう。

慰霊碑の除幕式の翌六四年、「日中不再戦友好碑」建立実行委員会が設立されます。花矢町長の山本さんだけでなく、大館市長の佐藤敬治さんも実行委員会にくわわり、六六年、中国人が収容されていた中山寮跡地を見下ろす山の上に、中国大陸の方向に向けた碑が完成し、除幕式が行われます。

●大館市との合併は慰霊式の継承を条件に

一九六七年は、慰霊式にとって大きなターニングポイントでした。この年、花矢町が大館市と合併することになったからです。もしも、慰霊式に関して何の合意もないままに合併することになれば、行政による慰霊式は終わりを迎える可能性もありました。しかし、山本町長は、慰霊式の継続を合併の条件とすることにこだわったそうです。

合併時に花矢町の総務課長をしておられたのは、丸屋悧《さとし》さんという方です。丸屋さんは、二〇〇三年に大館市で開催されたイベントの講演の中で、次のように発言しておられるそうです。

「両方の議会がそれぞれの議決によって法律に定められた合併協議会が設置されました。花矢町では町長の方針で、大館市との協議に臨む前に毎回花矢町だけの協議会を開いて原案を検討する方法をとりました。会議回数が多くなり手続きは煩雑になりますが、万一にも協議漏れがないようにし、そこでまとまったものを大館市との協議事項とする。町長さんはその当時、急ぐときほど急がば回れだよと言っておられました。中国殉難者の慰霊祭承継《しょうけい》もそうして引き継がれたと思います。懸案《けんあん》事項であったか、それとも継続《けいぞく》事項であったか、いまでは具体的に記憶はしておりませんが、中国人慰霊祭は花矢町では何年来実施してきたことでありますし、引き継ぎにあたって花矢町の議会では特別な質問などはなかったと記憶しております」

花矢町としては、長年慰霊式を継続していたわけですから、大館市に受け継がれることは議論するまでもなかったのでしょう。そして山本町長は、「急がば回れだよ」と言って、手続きが煩雑になっても慰霊式の継承が合併に際して漏れないよう注意を払ったということだと思われます。こうして、大館市になってからも、行政による慰霊式が続くことになり、現在に至っています。

2、山本町長と信正寺住職
——ご子息の山本陽一さん（九二歳）に聞く

それにしても、山本さんはなぜ、これほど中国人犠牲者を慰霊することにこだわったのでしょうか。山本さんはすでに半世紀近く前の七三年にお亡くなりになり、直接にそのお気持ちを伺うことはできません。幸い、山本さんのご子息である陽一さんがご健在で、お話を伺うことができました。

●花岡鉱山で給仕を経て経理課職員に

池田　山本さんのご自宅は、花岡事件で捕えられた中国人が三日間とどめおかれた共楽館《きょうらくかん》跡の真ん前にあるんですね。

山本　親父《おやじ》の代からここに住んでいます。

池田　戦時中に強制連行された中国や朝鮮半島の人びとが死に至った事例は数多くあり、慰霊碑が建立されたり、慰霊式がされている場合もあります。しかし、行政が慰霊式をしているのは大館だけであり、是非その理由を知りたいと思っています。その慰霊式を最初に執り行ったのが、お父様の山本常松花岡町長でした。お父様はどんな方だったのでしょうか。

山本　まず親父に関する資料ですが、少ないですが揃えておきました。一番詳しいのは、死亡した際に地元紙の北鹿《ほくろく》新聞に、「説きつづけた〝経済更生〟」のタイトルで掲載された記事です（本章の最後に収録）。他に、町長時代に誘致した大館工業高校の創立三十年記念誌『あせいしの丘にありて』などがあります。

池田　この追悼記事には、山本常松さんの政治家・行政人としての活躍ぶりが活写されていますが、遺骨発掘や慰霊式などには一言も触れられていません。それだけ多方面で業績を残された方だったということ、また花岡事件関連のことは、当時はさらりと受けとめられていたのでしょうか。それが後世大きな意味を持ったということは興味深いです。記事からは、激しい気性の方だったように思えますが、いかがですか。

山本　あまりしゃべらない人でしたが、家族には優しい人でした。

親父の記憶が残る最初の出来事は、私が四歳頃のことです。私は一九二八年生まれなので、三二年頃の思い出になるでしょう。家にお客さんが来ていて、ここの隣の部屋だったのですが、親父が首に手を当てながら、「首を斬られた」と話しているのです。子ども心に、「えっ、親父の首から血が出たのか」とびっくりしました。よくよく話を聞くと、いまで言うリストラのことで、解雇されたことを話していたのです。

親父は一八九三年の生まれで、小学校しか卒業していません。そして花岡鉱山の給仕になった。労働大臣を何期も務めた石田博英《ひろひで》さ

山本さん

んのおじいさんが経営をしていた時代です。その後、一九一五年から藤田組に移って経理課職員になったのですが、そこを不況で解雇されたのですね。「首を斬られた」というのは、そのことでした。

小学校卒の経歴しかないのに、給仕を経て経理課の職員にまでなったのは、簿記を習得したからです。その後、一九四〇年のことですが（親父が四六歳です）、当時は専門学校受験資格検定の試験があって、一二科目中、英語を除いて一一科目で合格したということです。戦後は大学入学検定試験に挑戦し、これも英語を除いて五科目中四科目で合格したそうです。

池田　たいへんな努力家でいらしたのですね。

山本　解雇されたあとのことですが、花岡村議、花岡町議をすることになります。戦前ですから、議員というのは村の顔役がやるもので、六反歩《ろくたんぶ》の水呑《みずのみ》百姓だった親父がするようなものでなかった。それが可能になったのは、鉱山で働いていたので、そこの労働者がバックアップしてくれたからでしょう。

●戦時中は青森、岩手の鉱山で配給係長などを勤める

池田　一九四五年の花岡事件の時は、どうされていたのですか。

山本　戦時中の三九年、大館を離れ、青森県の高森鉱山、つづいて岩手県の田老《たろう》鉱山に勤め、そこで終戦を迎えたので、事件を直接に体験してはいないのです。この家は、金一秀《きんいっしゅう》さんという朝鮮人のご家族にお貸ししていました。

田老鉱山へは総務課の仕事で行ったのですが、すぐに配給係長になります。当時は食料事情が逼迫し、配給の仕方をめぐっていろんな問題が起こり、配給係長は二年間で七人も替わっていたらしいです。実力を見込まれたということでしょう。

池田　食料難の当時、配給は大変なお仕事だったでしょうね。

山本　親父は、食料を確保するため、いろいろ知恵を絞っていたようです。花巻まで会社のトラックを持っていって、コメを火薬庫に隠したりしたこともあるとか。ダイナマイトを入れるところだから、さすがに警察も探そうとしない。終戦を迎えると、隠匿《いんとく》物資ということになったそうですが。

池田　それから花岡に戻ってこられた。そして四七年、町長選挙に立候補し、当選される。

山本　花岡では鉱山で働いている人が多く、労働組合も強くて、その推薦でいつも選挙をしていました。

●仲良しの信正寺の住職を教育長に任命

池田　そして、五〇年に慰霊式を行われるわけですね。

山本　事件からしばらく経っても遺骨が出てくるのです。ですから、それをお寺に預けて慰霊しようという気持になるのは、ごく自然なことです。それに、遺骨を預けた信正寺のご住職であった蔦谷さんは親父の小学校の同級生で、とても仲が良かった。慰霊の問題でもいろいろ相談していたのかもしれません。

蔦谷さんは、小学校卒の親父とは違って、仏教系の駒澤大学に入り、東京大学も卒業したような経歴の方です。富山や岩手で学校の先生をしていたのですが、お寺を継ぐために花岡に戻ってきた。親父が頼んで町の教育長もしてもらっていましたから、いいアドバイザーだったのでしょう。親父は帰宅も遅いし、子どもには中国人のことは話さなかったから詳しくは知らないのですが、そういう事情だったと思います。

池田　祖国に帰れずに亡くなった多くの人がいる、その遺骨があとからあとから出てくるということで、まず本当に自然な気持で慰霊した。蔦谷さんという立派なご住職さんが仲のいいお友だちにいたことも幸いした。それに強力な労働組合のある職場のみなさんが、それを支えた。そういうことだったのですね。

　山本さんが戦前、花岡を離れていた間、ご自宅を金一秀さんにお貸ししていたというお話が出てきました。戦後、中国人の遺骨発掘は在日朝鮮人が主導したのですが、じつはこの金さんがその中心人物でした。大館の慰霊式をめぐる不思議な結びつきだと思います。

（昭和二〇年）一〇月三〇日には大館町常盤座で、朝鮮人連盟秋田本部の創立大会が開催され、県内在住の朝鮮人一千数百名が参集した（『秋田魁新報』二〇年一一月一日）。花岡・小坂鉱山に連行された朝鮮人の多くが、解放後、大館に住んでいたので拠点が置かれ、この朝鮮人団体が中国人の未発掘遺体の発見に大きな役割を果たした。……

　昭和二四年一〇月、朝鮮人の金一秀、李《り》鐘応《おうしょう》の二人は、姥沢に中国人遺骨が散乱しているのを発見、直ちに留日華僑民主促進会に連絡、金一秀は現地遺族代理を委嘱された。……

　昭和二六年七月一日には、遺族代理金一秀を施主に、初めて現地住民《ママ》による中国人殉難者の慰霊祭が信正寺で行われ、山本町長、花岡町婦人会長はじめ町民、在日朝鮮人が多数参列した。この慰霊祭では、呼びかけに応えて鉱山部・農村部のほとんど全戸から、弔慰金総額約四万円が寄せられた。

（『大館市史』）

3、市民運動の側から見た山本町長
――谷地田恒夫さん（八一歳）に聞く

山本町長が花岡事件の慰霊式を行うのを市民の側から見つめ、支えてきた人々もいます。谷地田《やちた》恒夫さんもそのお一人で、町の郵便局に勤めておられました。労働組合の活動家となり、日中友好協会にも入って、そうした立場から花岡事件の犠牲者となった人たちの追悼にかかわってこられた方です。現在、NPO花岡平和記念会の副理事長をしておられます。

●町長と住職の親しい関係が影響を与えた

池田　谷地田さんが郵便局にお勤めになったのは、いつ頃のことでしょうか。
谷地田　昭和三四年ですから一九五九年の七月、まだ花矢町の時代のことでした。
池田　谷地田さんにお会いしたかったのは、なぜ行政が慰霊式を続けてきたのか、市民として、また組合運動の活動家としての谷地田さん個人のお考えを聞きたかったからなんです。
谷地田　慰霊式と言っても、花矢町の時代は小さく地味にやっていたようです。山本町長がポケットマネーを出して、信正寺の蔦谷住職にやってもらうような形で。この二人が親しかったのです。それが慰霊式を開始して続けることに影響を与えたでしょうね。
池田　そのお話は山本陽一さんから伺ってびっくりしました。お二人は小学校が同級なんですってね。蔦谷さんのほうは東大をご卒業して教師となり、お寺を継ぐために戻ってきたあと、山本町長の下で教育長もなさったとか。

谷地田さん

谷地田　それが大館市になっても継続したのは、花矢町で最後の総務課長だった丸屋さんから、慰霊式を継続するのが大館市との合併条件だったからだと聞きました。山本町長が、「それだけはやってくれ」と頼んだらしい。合併条件はオモテに出さなかったし、書き物もないということだけれど。

池田　でも、政治家は選挙が大切だから、自分は慰霊式をやったほうがいいと思っても、あるいは合併の条件であっても、それが住民に不評を買うならやらないかもしれないではないですか。花矢町の人びとはどう考えていたのでしょうか。町長の側には、有権者を説得できるとか、したいとか、慰霊式をやったほうが支持が広がるという打算なり、あるいはもっと高邁な理念のようなものがあったのでしょうか。

●自民党も経済団体も労働組合も努力した時代

谷地田　そこまでは分からないけれど、何と言っても自分が住んでいる花岡で、遺骨が次々と出てくるわけだから、慰霊するのは当然だというか、異論が出るような状況ではなかったと思いますよ。それに、遺骨を返還して、中国と日本の間で代表団が行き来するようにもなって、大事なことをしているという感じになってくる。蔦谷さんの息子の達元さんが住職となり、中国から招待されるようになったということで、それを喜んでお話しされるのを聞いたこともあります。

池田　政治家も宗教家も、郷土を愛する者としてやるのが当然という雰囲気だった？

谷地田　中国の赤十字にあたる紅《こう》十字の代表団がやって来たとき、花岡鉱山の側も、労働組合の側も、いっしょに大歓迎会をやりました。反対するような人はいなかった。

池田　それは七二年の日中の国交回復のあとですか。

谷地田　いえ、それ以前のことです。

池田　まだ国交が回復されないということで、自民党も、経済団体も、そして労働組合も、それぞれの立場から中国との関係を良くしようと努力していた時期です。その流れの中で、大館の人は大館特有の課題に取り組んでいたのですね。

谷地田　一九六五年のことですが、大館市で秋田県の種苗《しゅびょう》交換会が開かれたのです。これは明治一一年から続く秋田県の独自の農業イベントで、ＪＡが主催し、元は手作りの作物や種子を持ち寄り、交換することを目的にしたものです。行政としても大きな位置づけで開催されます。その種苗交換会で日中友好協会はずっと中国の物産展をやっていたのですが、大館市で開かれた六五年の交換会では、会場の城南小学校の教室をお借りして、花岡事件や日本で最後の空襲となった土崎《つちざき》空襲の問題をとりあげ、平和展をやったのです。行政もかかわるＪＡの取り組みで、花岡事件を取り上げるのに、何の抵抗もありませんでした。

池田　行政と市民運動の距離が近かったというわけですね。生活の中に、そういうことが根付いていた。

谷地田　現在は身につけているものすべて中国産になり、物産展をする必要もなくなったので、続いてはいないのですけれどね。それで、中国から花岡事件の遺族が来た時、お土産を買うというので、「日本で買っても中国産だよ」と教えたのですが、「いや、同じメイドインチャイナでも、日本で買ったほうが質がいいのだ」と言っていましたが（笑）。

●花岡側の複雑な感情について

池田　ところで、谷地田さんはかなり早期からこの問題にかかわってこられたのでお聞きするのですが、花岡の人たちは「花岡事件」という呼び方をどう思っているのですか。別に花岡の人たちが事件を起こしたわけではないのに、そんな印象を持たれかねないと感じる人もいるようですが。

谷地田　郵便局に勤めはじめた時、すでに「花岡事件」と言われていたように記憶します。しかし一方で、労働組合の人たちを中心に、「鹿島事件だろう」と言う人も少なくなかった。事件を起こしたのは鹿島組なのですから。

池田　そうでしょうね。事件に地名が付いているのは珍しいと思います。他の事件は、会社の名前をとって西松事件とか、三菱マテリアル事件と呼ばれますもの。

谷地田　中国人が蜂起したことで、花岡在住で逆に命を失った日本人もいます。補導員が四名殺されました。その内のお一人のご遺族は、お墓に別の日付を刻印しているのです。花岡事件と結びつけられることを敬遠したのかもしれません。「花岡」というのはいい名前なのに、それが虐殺と結び付けられるのは、確かにいい気持がしない人もいるでしょう。

一方で、殺された中国人のことを考えると、本当にやむにやまれぬ気持からだったと思います。獅子ヶ森に立てこもった中国人が投石して抵抗している絵があるけれど、あそこにはあんな石はありません。中国人はただただ逃げ出したかったのであって、蜂起というよりも「集団脱走」と呼んだ方が正しいような気もします。

池田　集団脱走も立派な抵抗です。一昨年（二〇一九年）一一月、東京の芝公園で、「遺骨発掘七〇周年記念中国人俘虜殉難者日中合同追悼の集い」が開催されました。その前日、来日した遺族の皆さんを前にして、遺骨が送還された時、一時的に安置された浅草のなつめ寺（運行寺）でお話をしました。ソビボル強制収容所から集団脱走したり、アウシュビッツで反乱を起こしたりしたユダヤ人のことや、そして花岡の中国人のことを取り上げ、人は尊厳を奪われた状態を強いられれば、条件さえ揃ったなら抵抗するという話をしたのです。人間はそういうものだと思います。花岡で起ち上がった人々は、自分たちだけでなく、日本中の強制労働者の尊厳を救うことになったのだと思う。そんな中国人の慰霊式をずっと続けている大館市は、やはり日本の宝だと感じます。

4、再び信正寺住職のこと
——怨親平等

●怨親平等

宗福寺は、大館駅の南三キロほどに位置する、曹洞宗のお寺です。ここの東堂（前住職）である蔦谷達元師（八五歳）は、旧花岡町の信正寺住職、蔦谷達道師のご子息です。達道師は、亡くなった中国人を供養し、山本常松・花岡町長とともに、今日の慰霊式の発端を開いた方です。幼いころに身近に見聞きされたであろう当時のようすを伺いたくて、このお庭で名高い古刹を訪れました。

信正寺の中国人供養は、戦中から始まりました。日本に向かう船の上ですでに七名の死者が出ており、その供養を鹿島組が信正寺に頼んだのが最初です。戦後になると、発掘され荼毘に付された遺骨が、お寺の本堂に安置されました。中国人だけではなく、二キロほど離れた観音堂という集落に連合軍捕虜の収容所があり、そこでも死者が出ると供養をお願いされました。

この捕虜収容所があったために、連合軍は戦

蔦谷さん

後いち早く花岡に入ったのですが、そのおかげで花岡事件は連合軍の知るところとなりました。連合軍は、捕虜収容所に手っ取り早く食料や医薬品などを届けるために、飛行機を飛ばし、落下傘で物資を投下しました。それが風に流されて、本堂の屋根を突き破ったそうです。占領軍の、ときに乱暴ともいうべきふるまいと戦後の混乱が花岡町を飲み込んだ、これは一つのエピソードです。

そんな、一部「破《や》れ寺《でら》」同然となった信正寺に、中国人の遺骨が次々と運び込まれ、最終的には五〇〇あまりも本堂に安置されることになりました。当然、かなりの空間を占めます。ご遺骨を納めた白木の箱を一辺三〇センチの立方体とすると、仮に五段に積み上げたとして、高さは一五〇センチ、六畳ほどは占有するのです。いかにおびただしい人が命を落としたかを物語る、想像するだに痛ましい光景です。後日、遺骨は中国のご遺族のもとに送還されますが、その際、東京の一時安置所となった浅草の運行寺（通称なつめ寺）でも、ご住職の一家は、しばらくはお骨を積み上げた隣で寝ていたとのことです。

信正寺に話を戻すと、本堂を遺骨が占拠している状況に、檀家の人がたは不安や不満を抱くようになります。「いつまで中国の人がたのためにそんなに場所を使うのか」と。そのたびに住職の達道師は、「怨親《おんしん》平等」という仏教の教えを説いて、理解を求めたそうです。亡くなった人は平等に供養するのが、仏教の大慈悲というものだ、たとえ敵であっても同じように扱う、ましてや中国人は国が違うだけではないか、ご遺骨を手厚く扱うのは当然だ、というのが達道師の論理でした。達元師は、父君がなにかというと「怨親平等」と口癖のように言っていたことを憶えておられるそうです。

達道師は激しい気性の方で、「ライオン」という異名をもつほどだったそうです。達元師はご高齢にしては読経に鍛えられた豊かな声量をお持ちで、おそらく父君もそうであったろう、と推測しました。そんな達道師は曲がったことが嫌いで、ダメなものはダメという。その大音声が「怨親平等」と一喝するさまが彷彿としました。達道師は熱血の方で、その熱量の大きさで山本常松町長と共鳴したのだろう、というのが、息子達元師の観測です。

ひとしきりお話を伺って退散する前に、近年、円空の真作との鑑定がなされた十一面観音菩薩像を拝観しました。見上げるばかりの立像は、木質が内側から力に満ち満ちて衣のたゆたう襞となり、一文字に結んでいながらこの上ない笑みを浮かべる口元となって、そこから今にも「怨親平等」と聞こえてきそうな御仏でした。

●じゃがいも

大館市で花岡事件に詳しい人を訪ね歩くと、一人の人間として中国人犠牲者の慰霊にかかわり続ける深い思いに接することがあります。そのお一人が山本利夫さん（九八歳）です。

山本さんはリビングの、広々としたお庭が見渡せる大きな窓を背に、私たちを迎えてくれました。利夫さんは、三〇年ほども花岡事件関係の催しのたびに、そのようすを動画として記録してこられました。それは、スーパーのものよりやや小ぶりのバスケット一杯にもなります。

誰に頼まれたわけでもなく、何の目的もなく、なぜそれほど几帳面に撮影を続けてきたのか。ぜひそのわけを伺わねばならないと考えて、この日の再訪となりました。

最初にビデオを撮ったのは、一九九二年の第二次訪中の時だそうです。花岡の人がたは、毎年六月三〇日に中国から幸存者やご遺族を迎えるだけでなく、何度かこちらからも出かけていって、各地に散らばる花岡ゆかりの人がたを訪ね、交流を深めてきました。その訪中団の一つに、利夫さんも参加されたのです。それ以来、毎年の慰霊式、さらには七ツ館落盤事故の慰霊祭など、ことあるごとにカメラを構える利夫さんの姿がありました。

利夫さんは一九四三年に、通信兵として召集されました。このことから、もともとメカに強い方だったことがわかります。軍隊での階級は上等兵。同郷の兵士たちとともに札幌に集められ、北千島に行く予定だったところ、すでに日本は制空権も制海権も失っていたのでしょう、そこまでは行き着けず、サハリンで敗戦を迎えます。ソ連の捕虜となり、二年の抑留を経て帰国しました。

サハリンでは、二〇名ほどのグループでじゃがいもの収穫などの農作業に携わりました。その後、船でナホトカへ移動し、帰国できると思いきや、ラーゲリ（捕虜収容所）に移されて、枯れ草の上で寝ては建築作業に駆り出される日々が始まりました。

海岸の、固く凍った砂地に金テコを突き立てて穴を穿つ作業では、一日で金テコの先が丸まったといいます。ある時、砂の中から五厘玉が出てきたそうです。かつてそこで日本人がなんらかの生活していた痕跡です。

山本さん

食べ物は黒いパンとコーリャン。極寒の中、重労働を課された若者には、とうてい足りる量ではありませんでした。

近くに豚とアヒルを飼っているおばあさんがいました。豚は、板で作った三角形の奇妙な首枷をしていて、それが囲いに引っかかって外に出られない仕組みでした。

「そのお婆さんが、一回だけだけど、卵ぐらいの大きさのバレイショのゆがいたのをね、持ってきて、一人一個ずつさ食べさせたことがあったの。ありがてーなーって思ったの。食うものねんだから。皮のままわしわし食って」

そこから、利夫さんの回想は唐突に花岡事件に飛びます。

「そういう思いあって復員したものだから、花岡帰ってきたら逆でしょうが」

利夫さんはまた、ソ連では殴るなどの暴力はふるわれたことがなかったそうです。

「あれだけは感心した」

自分たちは抑留でひどい目にあったと思っていた。もちろん、それが過酷な日々だったことは言うまでもありません。しかし、故郷ではもっとひどいことが起きていた。それを知った抑留経験者山本利夫さんの動揺はいかばかりだったことか。この復員してすぐに受けた衝撃が、三〇年間も花岡事件関連行事を坦々と映像で記録するという営みの底に流れ、支えてきたのだ、ということが、利夫さんの訥々とした語りからうかがえました。

故郷の出来事とはいえ、自分の預かり知らぬところで起きたことを、自身の経験と照らし合わせ、その落差に対して個人として落とし前をつける、というとなにやら乱暴な物言いですが、利夫さん個人の人間的な感情が、自分にできることとして、黙々と映像を撮り続けることに駆り立てたのでしょう。

同席した石田寛さんは、「利夫さん、またカメラ回してるなあ、としか思わなかったよ」と、意外の念を込めておっしゃっていました。この言葉から、利夫さんはその動機など、周囲の誰にも語らなかったということがわかります。

利夫さんの膨大な映像記録は、このたび花岡をめぐるドキュメンタリー映画に生かされることになりました。この展開には、無欲無心の利夫さんが一番驚いているのではないでしょうか。

〈資料〉

説きつづけた〝経済更生〟
――奇人・ヤマツネさんきょう葬儀（北鹿新聞一九七三年六月二三日付）

〝ヤマツネさん〟の名で親しまれてきた山本常松氏（大館市花岡姥沢）が二十日物故した。当代奇人変人伝の第一ページを飾るにふさわしいほどの特殊人であり、異能の持ち主でもあったので、何か大きな空洞がポッカリできたような感慨である。おそらくヤマツネさんのような珍奇な一風骨を備えた人物はもう出まい。

子どものころから苦労をしつづけ、勉強したい心をおさえて、がむしゃらに働いた。後年村議、町議、町長と、ねらった栄職のすべてを獲得したが、その主張はおしなべて体験からにじみ出たものばかり。したがって説得力もあった。

働きながらも根っからの政治好きで、一時は政友会の論客として羽ぶりをきかしたこともある。はじめて村議に当選したころは金解禁後における不景気風の真っただ中だったが、寸時があれば〝経済更生〟を説いた。それが役場だろうと、どこの集会だろうと街頭だろうと、全然ところをきらわない。花岡の子どもたちまで、いつかすっかり山本演説を名物にしてしまい、あまつさえ唄にまで仕上げて歌いのめした。

〝経済更生、山本ヤギ、アメタマカヒレバ（食わせれば）エッヒッヒ……〟

ヤマツネさんは当時ヤギヒゲをたくわえていた。それも名物化して山本ヒゲでとおったものである。酒はあまりたしなまず、ステッキに縞ガラの洋服姿で飴玉をしゃぶるので、そのごきげんぶりを歌われたわけだ。ともかくいやでも目につく存在だったらしい。

一度政友会から県会議員選挙に出馬しようと決意したが、県連が煮え切らぬのでやめた。それが痛恨事の一つだったらしく、政友会とタモトをわかつにいたっている。しかし、その後も同志とだけは手をつないでいた。要するに義理がたいのである。

待てば海路の日和という。敗戦後ヤマツネさんにチャンスが舞い込み、初の町長公選で見事金的を射あてた。少年時からの政治好きが、やっと本格的に稔ったわけである。ついで勉強好きの方も併行させた。六十路を越して通信大学の講座に入門、あっぱれ〝講義録大学生〟となって相次ぎ単位をとったのである。

ヤマツネさんの生涯は明け暮れ尋常でない起伏だったが、奇人らしく一本の信念だけは守りとおした。自ら〝やる〟と決意したことだけは、鬼人エンマも断じて恐れるところなく突貫したのである。それが花岡〜矢立の合併となり、さらに大館〜矢立が結ばれ、花岡工業高（現大館工高）の誕生となったことを想うと、金鉄の信念居士と評しても差仕えあるまい。以上はまたヤマツネさんの是非を超越した不滅の三大遺産ともいえそうである。

高森、田老鉱山時代を過ぎて村議、町議、町長時代、そして北秋町村会長、県町村会副会長、全国鉱山所在地町村会長と、仕事も政治歴も多忙の一語に尽きる一生だった。しかも、人を見ればロ角泡を飛ばして相手を辟易させ、大小の会合があれば、真っ向ミジン、時には気違い扱いされかねないほど強烈な主張をとおしてやまない……それがヤマツネさんの身上ではあったが、まこと休みのない生涯ではあった。

人間の値打ちは棺をおうて定まるというが、ヤマツネさんの場合、存命中に〝やれる人物〟として、評価を高めている。その点いささかならず珍しいし、自身またしあわせだったかも知れない。しいていえば晩年健康をそこね、大館市の〝参与〟として、云いたいこともやりたいことも見送らざるを得なかったヤマツネさんらしい残念さだけだったのではなかろうか。

一代の奇傑に天寿七十九はちとむごい感じもするが、こんどは地獄へおちようと、極楽へ行こうと、エンマにもアミダにもまけず、信念を吐露しつづけるであろう。葬儀はきょう二十三日午後一時、花矢公民館で行なわれる。生前の活躍にふさわしい盛儀となるであろう。

第二章〈発展期〉

大館市による継承と革新市政時代を中心に

――石田寛さん（七四歳）に聞く

池田　山本常松さんは花岡事件と同時代の方ですから、町長として慰霊式を実施したことも、それを一九六七年の合併条件として大館市に引き継いだことも、ある意味で自然な流れであったと思います。しかし、それが合併後半世紀以上にわたって受け継がれているわけです。そこにはどんな力が働いたのかを知りたくて、まず大館市に四七年にお生まれになり、七五年から九一年まで社会党の市議会議員をしておられた石田寛さんにお話を伺います（現在は社民党を経て立憲民主党の県議会議員）。

石田さんは大館市のお生まれですが、戦後生まれですので、花岡事件のことは体験していません。それでも、成長する過程で、事件のことは折にふれて耳にするようなことがあったのでしょうか。

1、市議会議員になるまでの花岡にまつわる体験

●事件につながるような話は聞いていたが

石田　一八歳で大学に入るために東京に行き、七二年に大館に戻ってきたのですが、いわゆる「事件」のようなことがあったというのは、それまでまったく知りませんでした。

　それにまつわるような話は聞くことはありました。中国の人が鉱山にいたよとか、働きに行くときに薄着してやせこけていたので、ご飯をあげたことがあるとか、そんなお話です。

　いまから思えば、事件につながるような話も聞いてはいるのです。中学生のころ、縁側《えんがわ》で父と友人が囲碁を指していたとき、自然に耳に入ってきた会話を思い出すことがあります。父は事件の頃は出征《しゅっせい》していて、戦後に復員してきたので当時のことは知らないのですが、うわさを聞いたらしく、「中国人が獅子ヶ森に逃げて大騒ぎになったどな」と言っていたのです。それに対してその友人は、「ンだ、山狩りに行ったども暗闇《くらやみ》で竹槍《たけやり》で突っついて仲間内で大けがしたど」と答えたと記憶に残っています。

石田さん

昭和二〇年六月三〇日夜中でした。「ごっ、ごっ、ごっ」の音で目が醒めました。何の音だろうと思ったものの怖くて起きてみる勇気もなく聞いていました。何か歩いている音には違いないのですが、時間的に長かったような短かったような、今となっては定かではありませんが、五〇年前に起こったことが今でもあの音だけは脳裏に鮮明に残っています。

夜が明けて村人の話では、今ではこんな言葉は適切ではありませんが、「支那人が獅子ヶ森の山超えれば支那だと言って逃げ出したど」との事、あの音は人が歩く音だったのです。それにしても、せき一つするでもなく、ただ黙々と必死で歩いた音でした。花岡川の土手でモッコ担ぎをしている姿を見ている私には、とても複雑な気持ちでした。（当時一六〜七歳だった畠山ミヤさんの証言）

（「花岡平和記念館」）

花岡事件のことを知るに至った二五歳のとき、突然この会話を思い出し、母にも知っているか聞いてみました。そうしたら母は、「かくじのひやみじでもつかまったど」と答えたのです。これは秋田の方言で、「裏にある冷たい湧水《わきみず》の流れる川でも捕まった」という意味です。我が家から二〇〇メートル裏に行けば田んぼがあり、その手前にかつてはきれいな小川があって、湧水で冷たかったので「ひやみず」と言っていた。そこから直線で一キロ位行けば、中国人が逃げ込んだ獅子ヶ森がある。その時の話を母がしたということです。

池田　事件を目撃した人はたくさんいたでしょうからね。

石田　それでも、悪いことをした中国人を近所の人が捕まえた、という認識の人も少なくなかったように思います。近所の人でケガをした人もいたようで、眼帯をしたおじいさんがいて、逃げ込んだ中国人の山狩りに行ったのですが、真っ暗だからむやみに竹槍を振り回した仲間から刺されたようでした。しかし、そういう話を聞くことはあっても、「花岡事件」という言葉は知らない。「事件」という名称がつけられるほどのことがあったという認識はなかったのです。

池田　獅子ヶ森の近所の人は、山狩りにかり出されたのですね。

石田　そうです。ふつうの年齢の男は戦地に行っていたから、消防団とか、警察、憲兵などが狩り出されました。鉄砲はないので竹槍を持っていった。

一方で、それを体験していない人もいます。当時、花岡に住んでいれば、そういう残虐なことがあったのは耳に入ってきます。しかし、例えば出征していた人は、その事実を聞かされても容易に信じることはできない。その人の連れ合いから聞いた話ですが、「オレが出征する前は、中国人とも仲良くやっていたよ。三食も食べていた。なんでこんなことになったのか」と言っていたそうです。戦争が激化すると人の心が変わるということもあったのでしょう。食事を横流しするような不埒な人が出てきたのかもしれない。

池田　中国人強制連行だけではなく、朝鮮からの徴用工も、戦争が終わる直前の一年にも満たない時期に連れてこられた人々の待遇などが極端に非人道的で問題が大きかった、というのは、花岡以外でも聞きますね。

『秋田県警察史』によると、事件発生の七月一日から平静になった七月六日までに動員した延人員は、大館・扇田・花輪・鷹巣・米内沢・二ツ井・能代および青森県大鰐の各警察署で、警察官四九四人、警防団七五四四人、一般民間人一万三六五四人の計二万一五六八人。……花岡町の民間団体からは、在郷軍人一七九人、鉱山青年学校一三一人、警防団一二八人、鉱山警備隊五二一人、鉱山男子義勇隊一二七人、同女子義勇隊一四〇人、鹿島組七二四人、秋田土建一二一人、清水組一五五人であった。

（『大館市史』）

——浜松さんは花岡事件が勃発した時、秋田の憲兵隊から駆けつけ、そして獅子ヶ森に登って、中国人の人達を逮捕したという方です。

浜松　……とにかく、私らは、秋田の一七連隊に、どういう状態だかわからないから、一個中隊準備してくれ、と。約二〇〇人。それから私ら憲兵は、ピストルに実弾詰めて、補助憲兵には小銃に実弾詰めさせて、大館駅から下代野を通って獅子ヶ森へ行った。亜鉛工場の前を通って獅子ヶ森に行ったら、代野の人たちが、竹槍やら木刀持ってうろうろしてあった。麓で。それで、何処におるって聞いたら、頂上だということで……。

――あの、ものの本によると、上から石をぶっつけてきたりとか……。

浜松　いや、ちょっとぱらぱらとしな（ちょっとぱらぱらっとですね）。全然抵抗なかったし、ま、さしたる抵抗なかった。いや、もう、疲労困憊して、何か布団袋のようなのに食糧詰めたのをもって、一人だけ確か、松の木で首吊りしておったなあ、という記憶があります。あとはおとなしかったです。

――それじゃ、発砲するとか、何てこともなかった。

浜松　全然一発も撃っていません。（当時憲兵だった浜松健二さんの証言）

（『花岡平和記念館』）

　最終的に私たちは山の上で捕まえられました。山から下りてから、頭を日本人に棒で殴られて怪我をしました。われわれは一人ずつ並ばされ、紐で縛られて共楽館というところへ連れて行かれました。

共楽館の前で三日三晩、石砂利の上にひざまずかされ、ちょっとでも動くと棒で殴られたりしました。私は一時間か二時間ひざまずいたのですけれども、その後、共楽館の中に連れて行かれまして、その中で拷問されました。

共楽館の中で、お前は日本人を殺したのかと殴りながら尋問されました。そして私は天井に吊るされて棒で殴られながら尋問されましたけれども、結局私は自分が殺したことを認めませんでした。他人が殺したことも一切、日本人には言いませんでした。私が何も言わないから、日本人は私の足の骨のところをひどく殴りました。（李鉄垂さんの証言）　（『花岡平和記念館』）

●社会党に入党し、慰霊式の手伝いをするようになった

池田　石田さんは七二年に大館に戻ってきて、七五年に市議になっておられますが、市議になることによって、はじめて花岡事件とかかわるようになったのでしょうか。
石田　いえ、七三年の慰霊式の手伝いをしていますから、帰ってきてすぐで、市議になる前

のことになります。七二年に大館に戻ってきたのは、大学を卒業して就職するためではなく、父が元市議だったので、市議会議員として跡を継ぎたくて、七三年、社会党に入党します。そして、社会党は花岡事件のことを重視していましたから、当然のこととして慰霊式なども手伝うようになり、勉強もしたという次第です。

当時、社会党の県会議員で藤島米太郎さんという人がいたのですが、尾去沢《おさりざわ》鉱山出身で日中友好協会の役員をやっていて、大館の人は花岡事件を語り継ぐ義務があると熱く語っていました。それが耳にこびりついています。

「花岡事件からは逃げられないよ、地元の人間としては」と叩き込まれたのです。

池田さん

2、保守市政から革新市政への転換期に

●花矢町から慰霊式を受け継いだ事情

池田　石田さんが市議会議員になった七五年、大館市長は保守の石川芳男さんでした。六七年に花矢町と合併した際、花岡事件の慰霊式を受け継ぐという条件を受け入れた市長さんですね。どのような経緯で大館市が受け入れたのか、石田さんはご存じでしょうか。

石田　六七年には東京にいたので、事情を直接には知りません。ただ、合併時に花矢町の総務課長をしておられた丸屋悧さんという方がいまして、二〇〇三年に大館市で開催されたイベントで講演していただいたのですが、大館市側の事情について次のように発言しておられます。

「幸い大館市との協議会でも、当時の大館市長石川芳男さんの方針だったと思いますが、大館市が花矢町側の意向を尊重する、こういう形で、慰霊祭承継を含む合併協議会は異論なくまとまりました。これはいま申し上げましたように、最終的には当時の石川市長さんの方針なりご判断があったと思います」

花矢町には鉱山があって、鉱物採取の作業場が所在する自治体が鉱業者に課す税金である鉱産税の税収がありました。だから、大館側としてはできる限り花矢町の意向をそのまま受け入れるという考えがあったとも聞き及びますが、実際のところは分かりません。

●共楽館の取り壊しと大館市長の対応

池田　いずれにせよ、石川市長はずっと慰霊祭を続けてこられました。ただ、捕えられた中国人がその前庭に集められて虐待された「共楽館」という花岡鉱山の福祉厚生施設は、七八年に取り壊されます。跡地には体育館が建設されています。保存を求める市民の声もあったと聞きますが、実際はどうだったのでしょうか。

石田　私も市議会議員として残してほしいと訴えましたが、解体予算が可決されることになります。ただ、共楽館は当時、あまりにも傷んでいて、修理しても使えない状態だったことも事実です。七八年の三月議会で、社会党の伊藤武吉議員が質問していますが、必ずしも解体に反対したわけではなく、花岡事件のこともあるので、体育館を建設したとしても、小さな博物館とか記念碑もつくるべきではないかと求めているのです。これに対して石川市長は次のように答弁しています。

「花岡ではですね、私が市長になってから毎年お盆に、中国の、あそこでなくなった方の慰霊祭をね、毎年これは市費をもってやっておるし、また一部の人たちがね、いわゆる日本、中国は再び戦争をしてはならんというような願いを込めて碑も建っております。ですから、それはそれなりにね、みんな祈念をしているわけで、あの建物をいつまでも保存しておくことが必ずしも、いわゆるいいものかどうかということは、これはものの考えようだと思うんです。私は、あの建物はそう何年ももたないと思うんですよ、実際……。現に使っておらないし、そして、……もし突風でも来て屋根が飛んで、そのために何人かがケガをしたとか死んだとかと、大変なことになりますよ、これは……。ですから私はね、あそこの場所には何かお花畑のようなものでも作って、そして、いわゆるきれいな碑でも造ってやっていいんじゃないかと、そういう考えを私はもっております」（議事録より）

この答弁を受けて伊藤議員は、「私が希望意見として述べておるようなことに近い市長の考え方が示されましたので、結構なことだと思っております」と表明し、質問を終わりました。その点では、保守の市長だったけれども、この問題で社会党と考えが違っていたわけではない。実際、八〇年になって石碑が設立されています。

●花岡事件を日本と世界に発信した革新市政

池田　ところで、この石碑が設立される前年、七九年には市長が畠山健治郎さんに代わりました。畠山さんと言えば、石田さんと同じ社会党出身で、市長を三期一二年勤めたあと、九三年からは国会議員も勤めておられます。大館市は社会党が与党のいわゆる革新市政になったわけですが、花岡事件に関して、何か変化はありましたか。

石田　二つの方向で変化があったと思います。市政レベルの変化と、それを支える市民運動レベルの変化です。

畠山さんはセンスが良かったというか、花岡事件に脚光を浴びさせるための演出をしました。その最たるものが、戦後四〇年にあたる八五年、慰霊式を大規模に挙行し、世界的に注目を集めたことです。慰霊式はいつもの会場ではなく、人が多く集まることのできる体育館でやりました。翌日の北鹿新聞には一〇〇〇名が参列したとの記事が載りましたが、例年の五〇倍以上の一〇〇〇名も集まり、来賓もすごい数で、広い体育館がそれらしい雰囲気になる。それが世界に発信された。

池田　革新市政だからとはいえ、すごいですね。

●市民レベルの運動も盛り上がった時期

石田　畠山さんは農業改良普及員の資格をもっていて、酔っ払ってもあぜから落ちたことはないと評判でした。お婿さんで、自分の田んぼには行ったことがないということなんですけどね。愉快な方でした。

革新勢力が元気な時期で、市民レベルでの運動も広がっていました。私自身も八一年から、地区労専従の谷地田恒夫さんと相談し、青年部の若い仲間とともに、花岡事件を学び風化させない運動として早朝慰霊行動を始めたのです。事件が起きた翌日の早朝六時に獅子ヶ森の麓《ふもと》に集合し、頂上まで登って先輩から花岡事件について説明を受けるのです。そのあと共楽館跡、中国人が暮らしていた中山寮跡、慰霊碑などを線香とお花を持って回りました。それから仕事に行くのです。

以後一〇年以上にわたって継続したのですが、途中から中国人の生存者、遺族が慰霊式に参加するようになると、その方々といっしょに登ることになります。八七年には、花岡事件の生存者の王敏《おうびん》さんが同行し、小学生の子どもたちに話をしてくれました。

池田　労働組合の青年部でやったということですが、若い人は育ちましたか。

石田　十分ではなかったかもしれませんが、育ったからこそ、二〇〇二年にＮＰＯ花岡平和記念会の設立などにつながったと思います。

●生存者との交流も開始されるようになって

池田　そういう変化があって、花岡事件が知られていくようになり、生存者や遺族が慰霊式に参加するようになるのですね。

石田　花岡事件の生存者がいることは、八五年の慰霊式の前に明らかになっていました。そこで、八七年の慰霊式には、耿諄さんをお迎えしたのです。それ以来、毎年、何人かの生存者・遺族が大館を訪れるようになりました。

彼らにとっては、二度と踏むことがないと思っていた地、思い出したくもない大館の地です。大館の地に立つことで、彼らは、暮らしていた中国から拉致され、過酷な労働を強いられ、食事もろくに与えられず人間の尊厳を奪われた記憶を甦《よみがえ》らせるのです。泣き、叫び、恨みを言う姿を何度も見てきました。しかし、こうした苛酷な思いを強いられた彼らが、長い間の運動にかかわった人々や市民と交流することによって、少しずつですがわだかまりが小さくなり、心が癒されてきたのではないかと思うのです。

そうこうするうちに、日本から生存者に会いに行こうという話になります。八九年五月、第一次大館市民訪中団が西安を訪ねたのが最初ですが、交流を積み重ねていくと、生存者があそこにもいる、ここにもいるとなってくるのですね。九二年四月、第二次訪中団は耿諄氏の自宅を訪問します。戦後五〇年の九五年、第三次訪中団は秋田県の姉妹都市となっている甘粛省を訪ね、蘭州にある秋田友好会館に宿泊します。それ以降、二〇一〇年の第七次訪中団まで続くことになります。

個人的には、耿諄さんのお住まいを訪ね、いろいろなお話を伺ったことは忘れられません。また、戦後にようやく帰国されたみなさんに順調な生活が待っていたのではないことも、現地を訪ねたからこそ分かったことです。生存者と向こうで会って、「帰れて良かったね」と言うと、日本にいたことがあるというだけで冷たくされたとお聞きしました。文化大革命が終わるまでは、対日協力者と見られて大変だったと言われるのです。日本から遺骨を小さな箱に入れて送り返していたのですが、当初は別の場所に積まれた状態で、ようやく新しい場所に安置されたのは、二〇〇〇年に鹿島との和解が成立したあとだということでした。各地でそうした生存者や遺族とお会いし、抱き合って再会を約束するなど交流親睦を深めあって来たのです。

●犠牲者と鹿島の交渉が開始された背景にあるもの

池田　その鹿島との裁判、それを通じての和解も、大館市の取り組みが世界に知られるようになり、中国から生存者がやってきて、市民レベルの交流が深まったからこそですね。

石田　そうです。八五年に大規模な慰霊式が実施され、ニュースで世界に知られるようになる。耿諄さんが慰霊式にやってきて、リーダーとしてふさわしい人だと認められる。そうやって五年後の九〇年、加害企業である鹿島組（現・鹿島建設）も、耿諄さんを交渉相手として認め、話し合いが始まるという経過です。

池田　九五年に交渉が行き詰まって裁判になり、最終的に和解が成立したのは、その五年後の二〇〇〇年。裁判と和解の詳細は弁護団の一員だった内田雅敏さんに伺いましたが、石田さんがとくに感じられたのはどういうことですか。

石田　二つあります。一つは、大館市が毎年慰霊式をやってきたこと、同時に市民運動が発展してきたこと、それが結びついた結果だということです。

この間、大館では、地元の市民団体で結成する実行委員会がつくられ、毎年生存者、遺族を迎えての歓迎と支援に力を入れてきました。大館市も表敬訪問を受け、毎年絶えることなく継続して慰霊式を挙行してきました。また、実行委員会は歓迎夕食会やフォーラム、フィールドワークなどを実施し、多くの市民も参加しています。こうした取組みも、最初は思うように進まず辛《つら》い時間が続きました。

しかし、その積み重ねも一助となり、弁護団は試行錯誤をくり返しながらもあきらめない取り組みを続け、最終的にこの和解の提案を迎えたのです。大館ではこの経過を自分の裁判のようにみんなで喜び合いました。〇五年一一月、和解五周年東京集会が開かれ、大館からも参加したのですが、各地で裁判を闘っている方が「厳しい闘いをしているが、花岡和解という目標があるから元気づけられる」と発言したのを忘れることができません。

●和解には大きな意味があった

池田　二つということですが、もう一つは?

石田　和解の内容のことです。実際に提示された和解案は、当事者である原告の立場からすれば、一〇〇％満足というものではなかったでしょう。しかし当時、小泉純一郎政権が続き、毎年靖国参拝が強行され、日中関係がもっとも緊張していた時期でした。和解自体がそう簡単に実現するものではなかった。その状況から現実的に判断すれば、和解はあのタイミングしかなかったと思います。和解を提案された裁判官は退官後、慰霊碑に手を合わせに来られたのですが、そういう人でないと提示できない内容でもあった。だから、弁護団長であった新美隆さんも、この和解を受け入れたのだと思います。問題はあったけれど、小泉政権下でできる最良のことではあった。

しかも、この和解があったので、その後の西松建設とか三菱マテリアルなどを相手に、いい和解ができることにつながったのです。

ただ、新美さんはご苦労されたと聞いています。和解内容に対する抗議が殺到し、無言電話でいたずらもあり、体調を崩されたりもしたということです。

3、県議会議員として大館市の慰霊にかかわる

●慰霊式廃止の声も出て来る中で

池田　いずれにせよ、革新市政の時代も保守市政になってからも、ずっと行政が主体的に関与する形が続いてきたわけです。

石田さんは、九一年までの革新市政の時代は市議会議員として、それ以降は大館選出の県議会議員として、ずっと慰霊式に関与し続けてきました。九一年以降の保守市政時代のことは、市長をされた小畑さんにお伺いするのですが、石田さんとしては、継続を支えたのは何だったと思っておられますか。だって、日中関係がいろいろ複雑に展開したこともあり、「もう慰霊式なんて止めてしまおう」という人もいたのでしょう?

石田　はい、市議会議員の中には、花岡鉱山で中国人を雇う側にいた関係者もいたわけですから、鹿島が残虐なことをしたというのは、あまり思い出したくない話だったと思います。ただ、私が市議会議員をしていた九一年までの時期、それが表面化することは、あまりなかったように思います。何と言っても、慰霊式を続けることは花矢町と合併する条件でしたし、

中国人をひどい目に遭わせたのは事実だったので、それを隠そうというのは簡単なことではありませんでした。

ただ、事情をよく知る人に聞くと、戦後五〇年の一九九五年、これを節目に慰霊式を廃止しようという保守層の声が強まったとのことです。全国的な規模で日本の戦後処理が問題になる中で、「日本は悪くない」という強い声も出始めた頃ですから。

池田　それでも自民党の推薦を受けた小畑市長は慰霊式を続けられた。

●小畑市長が慰霊式を継続した理由

石田　はい。小畑市長は、市議会で慰霊式は継続するのだと述べておられます。例えば、二〇〇九年の一二月議会で、社民党の相馬エミ子議員の質問に対し、次のように答弁しておられるのです。

「戦時下での異常な状況の中で発生した花岡事件に関して、二度とこのような過ちを繰り返してはならないという思いを、決して風化させずに後世に伝えることが、この地に生きる私たちの責務であると考え、毎年六月三〇日に「中国人受難者慰霊式」を行っております。

御質問の「花岡平和記念館」は、ＮＰＯ法人花岡平和記念会が全国から多くの支援を得て、建設されたものであり、建設に携わってきた皆さまには、心から敬意を表するところであります。

市では、この記念館について、史実を後世に伝承する施設としてだけではなく、世界の恒久平和を考える契機となる施設、また、日中友好のシンボルとして交流の拠点になるものと期待しているところでありますので、今後のあり方等について記念会からのご提案等があれば、適宜《てきぎ》協議してまいりたいと考えております」

かなり踏み込んだご発言だと思います。

池田　市議会議員の中に廃止の声は出たけれど、市長である小畑さんは取り合わなかったということですね。石田さんは、市議会で小畑さんと議論したことはないわけですが、それはなぜだと思われますか。

石田　小畑さんの真意については、ご本人に聞いてもらうしかありません。ただ、行政がずっと花岡事件にかかわってきた客観的な条件として、これが自治体の国際交流として大きな役割を担ってきたことは欠かせないと考えています。

どこの自治体も、海外に姉妹都市をもっているではないですか。一時期、かなりブームにもなりました。大館にとっては、中国そのものが姉妹都市のようなものだったのです。なぜかと言えば、毎年中国各地から生存者や遺族が大館にやってくるし、大使館の代表も来られます。市は、参加された大使館の代表者を相手に、毎年、昼食会もやっています。逆に、市長が東京に出て大使館を訪ねれば、いわばフリーパスで通用する。向こうも敬意を表している。

普通の姉妹都市と比べても、特別な関係にある。そんな現実もあるのです。いろんな別の考え方をもつ議員がいたとしても、市としてはこの関係を重視することになります。慰霊式では、市長が式辞を読み上げ、この取り組みを「ずっと続けます」と述べますが、それが国際的な約束みたいな位置づけにもなっています。

●お互いを具体的に知っているからこそ

池田　和解が頓挫して裁判になったりもしたし、小泉政権下では日中関係が緊張もしましたが、それでも見直しの動きはなかったのですね。
石田　なかったですね。大館では外国の方と会うのはこの機会しかありませんでした。それを重要視するのは市長としては当然だったと思います。

池田　反中とか反韓を主張している人にとって、中国や韓国は抽象的な存在なんだと思います。大館の市長さんや市民のみなさんは、相手を具体的に知っているというのが、そんな主張をする人とは違うところです。

石田　そうなんです。長年続く交流を通じて、お互いに仲良くなっているから、反中とか反韓と言われても、あまり関係がない。これまで中国から代表が来られなかったのは、二〇〇三年のサーズのときと今回のコロナと、その二回だけだったのですから。

池田　私は二〇〇四年からの参加ですが、その十数年間を見ても、意義があることが分かります。生存者や遺族は慰霊式のあとに中国式に紙のお金を焼いて大泣きしますよね。

それから当事者のお話を伺ったり、一緒に事件のあとを回るフィールドワークをしたりします。それで夜

はパーティーをするじゃないですか。そうすると、慰霊式で泣いていた人が楽しそうにみんなで歌ったりする。慰霊式では大泣きして、その後の歓迎会で笑いが少し出るのですね。

そのあと、中国の方々は花岡から東京に行くんですよね。国家賠償裁判もやっているので厚労省の前に行って「賠償しろ！」と言って抗議するんです。それは怒っている顔なんですね。さらに、秋葉原に行って電化製品を買い込む。炊飯器とか、親族の分まで大量に、それはもううれしそうに買っていくわけ。

喜怒哀楽が全部ある。秋葉原も含めていいスケジュールだと思います。全部、正直な人間としての気持ちなわけ。秋葉原に行って「うれしい！」というのも、厚労省の前に行って怒りを込めて「補償しろ！」と言うのも、花岡で泣くのも全部、本当の気持ちですからね。

●中国の変化を定点観測しているように

池田　中国の人の変化も実感しますね。事件の生存者とその子どもの世代は、体も小さかった。日本にやってくるのに、二〇〇四年にはビニールの袋をもっておられたし、靴も布製でした。

石田　ぼくたちが小学校の時に履いたようなズック靴でした。親がいなくなって、みんな苦労したんですね。乞食をした人もいました。

池田　それが孫の世代になると、見るからにエリートといった人も来る。大館の人は、経済大国になっていく中国の変化を目の当たりにしているわけです。

石田　一九八〇年代に生存者がはじめてやってきた。それからもう三〇年以上が経っているわけですから。

池田　定点観測しているようなものですね。

石田　「ああ、あなたは誰々さんの息子だ」というようなことも分かるのですね。それで、「お父さんのこと知っていますよ」と会話が弾む。

●花岡の記憶を継承するために

池田　一方で、市役所の若い職員の中には、「この慰霊式はいつまで続けるのですか」と聞く人もいると伺いました。

石田　若い職員も勉強をしないと分かりませんからね。それをどうするのかは大きな課題です。叩いた側は忘れることが多いけれど、叩かれた側は忘れません。叩いた側の「加害」

の地で被害者と連携する取り組みは、日本ではあまり類がないと思います。このまま衰退すれば中国の人に申し訳ない。維持するために新たなことを何かやらなければならないと思っているのです。

池田　私は、大館市がずっと慰霊式を続けてきたことは、世界的に見ても意味のあることだと思います。この分野で大館市は日本が世界に誇る宝です。自信をもってそう言えるのです。それを今後、どうやって継続していくかが大事ですね。学校の副読本のようなもので子どもたちに伝えていくのはどうでしょうか。

石田　それは大事だと思います。そうやってもっと地元の人に関心をもってもらえればいいですね。大館は不思議な場所で、日本のマルクスと言われる安藤昌益《しょうえき》や小林多喜二が生まれたりもしました。語り継ぐことがたくさんある都市だと思います。

池田　副読本に花岡記念館のことが書いていれば、校外学習の折りに「行ってみよう」となるかもしれません。それで継承されることになるのではないでしょうか。

第三章〈定着期〉

保守市政時代も続いてきた死者を悼む心

——小畑元さん（七二歳）に聞く

池田　本題に入る前に一つだけお伺いしたいことがあります。今回、インタビューするにあたってご経歴を調べたら、小畑さんは東大の文学部をご卒業したあと、工学部に入り直しておられるのですね。三年生になるときに転部する話はよくありますが、そうではなくて、文学部を四年間おやりになった。

小畑　私の学生時代は学園紛争で、授業といっても中途半端だった。だから、工学部に入り直したのです。文学部の専門は何かというと、恥ずかしいのだけれど、じつは西洋史。堀《ほり》米庸三《ごめようぞう》さんが先生でした。

池田　授業が普通にあればおもしろかったでしょうね。

小畑　堀米先生の授業はおもしろかったです。

1、市長になって最初に直面した慰霊式の継続

●就任の翌月に慰霊式が迫っていた

池田　大学を卒業して入省なさった建設省（現・国土交通省）時代のことはあとでお伺いします。建設省を退職されて、国政選挙にも挑戦されたことがおありですが、九一年に大館市長になられます。それから六期二四年という長きにわたって市長をお勤めになりました。花岡事件の慰霊式は、その間、小畑さんがずっと市として主催してこられたからこそ、現在まで続いていると言えます。

市長になられて最初の慰霊式の時は、どんな感じだったのですか。

小畑　市長になった途端、すぐに幹部職員が「慰霊式をどうしますか」と聞いてくるんです。市長になったのが四月の末で、初登庁は五月の初めです。慰霊式はいつも六月三〇日に開かれるので、もう目前に迫っている。

池田　すぐですね。

小畑　慰霊式と言われて、何なのかなあというのが率直なところでした。

池田　それが花岡事件をお知りになった初めてですか？

小畑さん

小畑　名称だけは知っていたという程度です。私は大館ではなく秋田市の生まれで、大学で東京に出て、卒業後も東京です。生まれも育ちも大館ではなかったので、事件のことを詳しく知る機会もありませんでした。親父は田代町《たしろまち》出身ですから、合併して大館に含まれることになったので、本籍は大館だったのですが。

池田　そこに職員がペーパーを持ってこられて。

●どう判断するかを恐る恐る聞いてきた

小畑　ペーパーというか、予定表のようなものですね。そして、「例年、こういう慰霊式をやっていますけれども、市長はこれを続けますか？」と聞いてきたわけです。

大館市は一九五一年に発足したのですが、社会党の佐藤敬治さんが最初の市長をやり、その後、自民党の石川芳男さんに代わり、その次は再び畠山健治郎さんという社会党の方だった。その畠山さんが勇退し、保守と革新の一騎打ちで自民党推薦の私が市長になった。そこで市の幹部職員が、これまで社会党、自民党と政権交代はあったけれども、今度は自民党系になったのを受けて、「あなたは自民党系なのだから、当然こんなの、やらないでしょう？」と鎌《かま》をかけてきたわけです。

池田　「いかがいたしましょう」という感じでしょうか。

小畑　そうですね。鎌をかけてきたというか、恐る恐る聞いてきたというのが正しいかもしれません。

池田　きっと忖度《そんたく》したんでしょうね、今の言葉で言うと。そこで事件の内実を改めてお知りになり、これは続けるべきだとお考えになった。

●保守か革新かにかかわりなく続いてきた

小畑　話を聞いたら一九四五年の六月三〇日のことでしょう。もう少しで終戦という時期ではないですか。人によって数え方が違うし、時期をどうとるかでも違うのですが、慰霊碑に刻まれている数で言うと四二九人の方々が悲惨な状態で亡くなった。連れて来られた人が九八六名（同和鉱業で働いた人も含めると一二八四名）ですから、とんでもない数です。だから、裁判がどうとか、鹿島がどうとか、そういう話とは関係がなく、「それはかわいそうだよな。やってあげたらどうか」というのがスタートだったのです。

しかも、歴代の市長が、保守・革新にかかわりなく続けてきた。六七年四月に市長が佐藤さんから石川さんに代わり、一二月にそれまで慰霊式をしていた花矢町と大館市が合併したのですが、当然、合併協議は佐藤さんの時代からやられていたはずです。ということは、大館の歴代市長がみんな続けてきたということでもあるのですね。

佐藤さんは、大学の先輩でもあるんです。学部の先輩なんです。

池田さん

池田　それも何かのご縁ですね。

小畑　ご縁なんです。党派は異なりますが、仲も良かったです。「名誉市民になってくれ」と頼みに行ったけれど、断られました。「私はそういうことはやらない」と。

池田　それはまたすてきなスタンスでいらっしゃる。そうやって、歴代の市長が、ずっとバトンをつないでくださったわけですね。

小畑　聞くところによると、花岡町が慰霊式を最初に行い、矢立村と合併して花矢町になってからも続けていたのですが、花矢町が大館市と合併する際、慰霊式を引き継ぐことを条件としたらしいのですね。そういうことは全然知らなかった。

池田　私もそのように聞いていています。

●その気持ちをあらわすとすると〈spontaneity《スパンタニティ》〉

小畑　ただ、そんな条件が書いてある文書を見たこともないし、伝説みたいになっている面もあるんです。文書がないから、「もう今年で止める」という市長が出てきても、「この取り決めの明文に違反しています」とは言えない。けれども、ずっと続いていたことには、やはり重みがあると思います。

一方で、私が慰霊式をやるべきだと思ったのは、ずっと続いてきたことも大事だけれど、それよりももっと自然な感情からなのです。このインタビューを受けることになった時、その気持ちをあらわす言葉としてふと出てきたのは、〈spontaneity（＝自発性）〉です。〈spontaneous〉の名詞です。「自発性」と訳したらいいのでしょうか。大学で西洋史を学んだ身としては、パリ・コミューンをよく〈spontaneity〉という言葉で表現するのです。

自然に民衆から湧き上がってくる声みたいなものがあるでしょう?

どういうことかと言うと、会場の十瀬野公園墓地に行くと、大きい石碑があるのです。

池田　「中国殉難烈士慰霊之碑」ですね。墓地の入り口にあって、その前で慰霊式が行われます。そこに犠牲者四一九人のお名前が書いてあります。

小畑　そうすると、その石碑のところに、何かお供え物が置いてあるのが見える。ということは、自分のお墓をお参りした人が、墓地の入り口にあるその石碑のところにも、供え物を置いていくということなんです。それを見て、「あ、これだな」と思った。だって六月三〇日と言えば、終戦まであと二か月もないんですよ。蜂起するのを一か月と少しがまんしていたら、命を落とすことはなかった。そこで命を落としたというのは、あまりにもかわいそうだ、そう感じている市民がいるということです。そういうことからスタートしました。

池田　お墓をお参りする方々の内発的な思いを受けとめた市長の内発的な決断?

小畑　そういうことです。

池田　形式がこうなっておりますので、流れがこうですので、ということではない。

小畑　花岡事件では裁判が行われ、結局は和解ということになったけれども、戦後の補償がどうかとか、そういう話などはまったく抜きの気持です。本当に自然に「ああ、これはやったほうがいいね」と思った。

2、地方自治体が慰霊を続ける意味

●過去の清算をしないとうまくいかない

池田　小畑さんは建設省に入られて、インドネシアにも派遣されたことがおありとか。日本が戦後賠償した国でもありますが、そういう体験は影響していますか。

小畑　建設省の国際課にもいたので、国と国との関係とか、そんな大げさな話ではないけれども、いろんな体験をするわけです。一九七九年から八一年まで、インドネシアに専門家で派遣されて、ある種の戦後賠償の一環の仕事をすることにもなりました。

池田　民間の企業に勤めていた私の高校のクラスメイトたちも、そのころ賠償関係の仕事で、日本が戦争した国々にたくさん行っていました。

小畑　同じ世代だから、分かりますよね。インドネシアでは、むしろ日本軍がインドネシアの独立を助けたという面もありますが、いろんなことがあったのは確かです。ですから、ちゃんと過去の清算をするというか、悪ければ「すみません」と言うべきなんです。そして、「こうやって何とかやっていきます」みたいなことをやらないかぎりは、国と国の関係はうまくいかないだろうなと感じていたのです。

だから、四二九人の方が亡くなって、悲惨な思いをされているなら、これはやったほうがいい。ある意味での戦後の一つの償いみたいなものとしても重要だと思った。

それに中国大使館から大館に毎年参事官クラスが来るのです。それだけのクラスの人が来れば、やはり接待もしなければいけないし、いろいろと物入りではあるのです。

●慰霊を続けることで相手の信頼を得る

池田　そうですよね。参事官クラスの方々ですから、お一人で来るわけではないし。

小畑　そうすると、中国側がそれを正当に評価してくれるのです。二〇二〇年の慰霊式の記事が直後の毎日新聞に載りましたが、そこでも中国側が「戦争を反省し、平和に対して相互理解し、友好を継承するためのプラットフォームとして慰霊式を高く評価していた」と書いてあります。国と国との関係でいろんな問題があっても、この慰霊式を毎年大きなテントを何張りも張って続けているのは、やはり意味がある。一つの小さな自治体がやっていることが、戦争とか平和とか友好とか、国がやるレベルの話になっている。

池田　すごいことですよね。

小畑　これは本当にすごいことです。続けることが相手の信頼というものを得ることになるのですね。

池田　最近のことですけれども、広島で同じような和解が成立した事例があり、ダムの工事現場の跡にも、大館のほどには大きくないけれども慰霊碑が建っていて、慰霊式をやるのです。民間主催のささやかな慰霊式なんです。そして、和解で尽力なさった弁護団の方が、地元の区長さんや村長さんに「よろしかったら来てください」とお誘いしたら、来てくださることになりました。

被害と加害の地であることを刻印し、毎年それを思い出すための慰霊式に来てくれるだけでもありがたい話なのだけれども、一度来た町長さんだったか村長さんだったかが、「この慰霊式は毎年やらなければいけない」とおっしゃったそうです。ごく最近の話です。大館は昔々から何十年とやっているのですけれども、このような催しに触れた人がまともな心を持っていれば、「これはやるべきだ」と、それこそ内発的なものが言わせるのではないですかね。

●理屈抜きでかわいそうだと思うから

小畑　暴動を起こしたといえばその通りで、結果として日本人も何人か殺されているので、それに対して反応したりする人もいます。そこは理解するのですが、とにかくあまりに悲惨な話なのです。強制的に連れてこられて、すごい労働を強いられて、食事も十分ではない。このままで生きていられるのかと思うわけでしょう。

池田　本当ですね。毎日毎日、仲間が死んでいくわけでしょう？

小畑　耐えられないわけでしょう。そして、事件が起きたわけですよね。

池田　どうせ死ぬなら抵抗しようと。

小畑　くり返しになりますけれど、終戦まであと一か月ちょっとだったんですよ。そこがあまりにかわいそうで、何かしなければという気持ちになる。しかも、捕まって殺された人の写真を見ると、りんご箱に入れられている人もいるし、足だけ出ている写真もありました。それをあまり政治的に扱い過ぎると、市民の気持ちと重ならない部分も生まれるのだけれど、「いやあ、やはりかわいそうだよなあ、これは」と、理屈抜きでそう思うのです。だから、私はそれを〈spontaneity〉と言ったわけだけれども。

池田　日本の墓地ってそうですよね。自分の家のお墓に持っていくお供え物を、無縁仏さんの所にちょっとお裾分けする。その心ですよね。それが大切だと思います。

小畑　だから、行政としては、あまり戦後賠償の話とかタッチをしない。

池田　それは当事者同士でするものだということですね。

●複雑な感情を持つ右派も納得して

小畑　慰霊式には中国からご遺族の方もお見えになりますが、泣き方が半端ではなくて、こちらももらい泣きしてしまうのです。私はそれを二四回、ずっと見ていますからね。歴代の市長も、もちろんそういう気持ちでやられていたと思います。

池田　慰霊式が終わったあとにワーッと遺族たちが碑の前に行って、今度はあちらの宗教儀式をするわけです。慰霊式は市がやるから宗教色はないのですが、あちらのやり方で紙のお金を燃やすんです。それで泣くんですね。儀礼としての慟哭なのですが、こちらも胸をしめつけられます、やはり。

小畑　よくご存じですね。私が市長をやっているときに、何回かお見えになったのかな。全然知らなくて申し訳ないけれど。

池田　とんでもない。私もご挨拶しませんで失礼しました。末席に連ならせていただいていますが、二〇〇四年からほぼ毎年です。

小畑　そうですか。

　やはり市民のみなさんの中にはいろんなご意見があります。特に自民党右派の辺りからは、「あれは革新系の運動ではないか」とか「そんなの手伝ってどうするんだ」とか、いろいろ言われることもあります。しかし、当然経費が掛かるわけですから、予算も議会に出してそういう方々の了解もとらなければならない。ぶつぶつ言いながらも、最後は「まあ、しょうがねえよな」とみんな納得してくれています。

池田　いろんなご意見はおありでも、市議会のみなさま、列席なさいますものね。

小畑　そうです。議長、委員長クラスの人も来ています。

●この問題に触れたくないという気持も分かる

池田　その辺り、立派な議会だと思います。いろいろなご意見があることは、よく分かるのです。花岡の平和記念館をつくった時もひと悶着《もんちゃく》ありました。川ぶちの元農協の小さな建物を手に入れて、その内装を変えて記念館にするという寸前まで行ったところで、花岡地区の実力者の方が動いて、そこを図書館分室として寄贈してしまったので、買収する話が飛んでしまった。そこは中国の方々が川筋の改修工事に携わった場所で、適地でしたので、本当にがっかりしたんです。結局、川の反対側の土地を購入して、そこに新しく建てたんです。

でも、記念館を建てられようとした地区としては、自分らが手を下したわけではないのに、ここが中国の人たちが工事に携わった場所だからといって記念館を持ってこられるというのは、気分が良くないという気持ちは分かります。あの時、獅子ヶ森にみなさんが逃げて——。

小畑　山の上に追い詰められて。

池田　そう、地区の人たちは山狩りに動員されたわけですよね。そういうことがあるから、「そんな花岡事件の記念館なんか建てられては嫌だ」「うちのお父さんだってたぶん山狩りに行ったと思うよ」みたいな、そういう方々がいて当然なんです。けれども、川の反対側に記念館が建ってみたら、地区のお年寄りがふらっとやって来て、「あの時はこうだった、あだった」と話をして帰っていくそうです。

小畑　ある一定の年代の人は、みんな記憶には全部残っていますから。逆に触れたくないという気持ちも十分に分かる。だって、国策でいろいろあってこうなったのであって、自分たちがやりたいと思ってやったわけではないのですから。

池田　そう。だけれど、理不尽なことに、事件が地元の方々の心の重石になっているわけですよ。それを吐き出して、ほっとしたお顔で帰っていかれるって。

小畑　やはりこうやって続けることで、そういう話も生まれるのですね。これはヒューマニズムというか、何とも言えないジーンとくる話ですよ。

●加害の地からの訴え、被害の地からの訴え

池田　そうですよね。だから私はよく言うんです。広島・長崎は被害の地から平和を訴えて

いるけれど、大館・花岡は、加害の地から平和を訴えている、今のところ日本で唯一の場所です。だから「日本の宝です」と言うんです。

小畑　みなさん、いろんな事情があるのです。確かに、加害の地ではあるのだけれど、一方で、看守をしていて殺された人のご遺族もいらっしゃるわけですから

池田　そうですよね。

小畑　そういう点では、加害でもあり、被害でもあるんです。非常に複雑な心境を抱えながらも、それでも慰霊式をやっているわけですから、何とも言えないものがある。

池田　市が主催ということが重要だと思うんです。市が主催で何十年も続いてきている。民間主導で記念館も建った。そういうことの積み重ねが、傷になっている地元の方々の傷をさらに抉り、塩を塗るかというと、そうではなくて、その反対だと思うんです。

小畑　そういうこともあるでしょうが、中には強烈な人もいるんです。詳しくは話しにくいけれど、私に食ってかかった人もいました。記念館をつくる時も、やはりすごい騒ぎだったのです。直接公式の議会では言わないけれども、市長室に怒鳴りこんできた方もいます。しかし、そうやってみんないろんな複雑な思いがあるんだけれども、市としてはずっと慰霊式をやってきた。

3、保守が慰霊式をずっと続けたのはなぜか

●続けることに何の疑問も持たなかった

池田　小畑さんが、その長い任期のあいだ、慰霊式を毎年やることが揺らがなかったのはなぜでしょうか。

小畑　世界の人たちから、「大館市民はいったいどういう人たちなんだ」とは言われたくない。こういう事件があって、その記憶を石に刻んだわけでしょう。それをきちんと歴史として語り継いで残していくのは必要なことです。

池田　でも、日本でほかに例がないんです。民間がやっている例はあるけれど、公的にやっている例は一つもありません。

小畑　よその自治体のことを、こちらからとやかく言うことはできません。大館は当たり前と思ってやってきました。

池田　そこが大館の特徴的なところですね。

小畑　私自身、これを続けることに何の疑問も持たなかったですね。

池田　それを何と表現したらいいのでしょうね。お墓参りのときにお供え物をちょっとお裾分けして置いていく市民の心とつながっているもの。保守主義と言っても、いろんな保守主義があるんですけれども、経済保守とか宗教保守ではない、社会保守という考え方でしょうか。「先祖から伝えられている良いものや真っ当なものを守る」という意味ではないですか。

●建設省で同和対策に携わった経験もある

小畑　その言葉はピンと来ません。もっと自然なものです。自然に身についたのかもしれない。私が建設省に入った時、いちばん先に配属されたのが同和対策を行う部署でした。

池田　建設省が同和対策を？　あ、そうか、住宅や道路をつくったり公民館をつくったり、生活環境を改善することで差別をなくしていく仕事ですね。

小畑　同和問題も自然につくられたものではなくて、一種の歴史の産物です。そういう意味では不条理といえば不条理なのだけれども、現実として差別はあるわけだから、そこに差別があるかぎり行政が対応するのは当然なのです。ウタリ対策もそうです。

池田　そうなんですね。国の仕組みとかを全然知らないので、ああいう町営住宅や隣保館《りんぽかん》というのは、基礎自治体がやっているのかと思っていました。でも、国から予算を流す。なるほど。言われてみればそれはそうですよね。

秋田市内というと部落問題などはあまりなさそうな気がしますが、お役所にお入りになってから、部落問題って何？　という感じでお勉強なさった。

小畑　勉強も何も、担当ですからね。いろいろありましたねえ。

池田　まだまだ部落解放運動が盛んな頃だったのでは？

小畑　解放同盟は社会党系で、共産党系、自民党系もあって三つどもえでした。大変だったけれど、現実に差別があるのですから、そういう仕事は理屈抜きにやるべきものなのです。大館にやってきて、花岡事件のことは知らなかったので、「こんなことがあるのか」と聞かされてびっくりしたけれど、実際に問題があったのなら行政が対応するのは自然なことなのです。インドネシアに行ったこともそうですが、そういう経験があるから、まったく大館にはご縁がなくても、やるべきことは分かりました。

●「主義」と言われると実感が伴わない

池田　なるほど。官僚としてのお仕事をなさっていく中で、そういうコモンセンスに照らして、「これはこうするのが真っ当なことである」ということを一つひとつ探り当てていかれたわけですね。やはり保守主義者です。エドマンド・バークの言う意味での社会保守主義者ですよね。

小畑　そうかなあ。保守主義だと言われてもピンとこないんだけれども、お腹の底から「やらなければ」と思った。

池田　それがおっしゃる〈spontaneous〉だと思います。保守主義者は、もっと言えば右翼も内発性というか〈spontaneous〉なことを重要視しますよね。

小畑　「主義」と言われると、すぐに社会主義が連想されるし、どちらかと言うと「科学」のような感じになるでしょう。理屈で行くような。

池田　「科学的合理的にこういうふうにすればうまくいく」と頭で考える。

小畑　そこがね、「主義」と言われると実感が伴わない。

池田　そうですね。保守「主義」と言うと違和感があるというのは、分かる気がします。

●政治がからむと語れなくなることがある

小畑　社会科学的な整理をされると、何とも言いがたいことになってしまう。でも、国と国との軋轢《あつれき》がいろいろあって、中国との関係で難しいことがあっても、その対立点を脇に置いて、人としての自然な気持でできることを積み重ねていくことが、結局いろんな意味で、国交なり外交問題なり、いろんなことのプラスになると、私は思うのです。

池田　その通りですね。

小畑　結局、政治がからんで来ると、人としては大事だと思っても、語られないことが出てくるのです。逆に言えば、表に出しては語らないけれども、みんなが思っていることがある。「これは口には出してはいけないよ、だけれども」というものがある。

池田　はい。分かります。

小畑　誰とは言えないけれども、非常に有名な方が大館を訪れて、「花岡事件ってありましたよね」と言われたことがありました。私は何とも言いようがなかったのだけれど、「知っていますよ」、「みんな分かっているんだよね」と、巧妙な言い方で理解を示された。事件をめぐって政治的な争いがあるので、はっきりとは言えないのだけれど、そう表現されたのです。

●「これがコモンセンスだ」ということをパッとやる

池田　そう言えば、逆の角度から、似たような体験をしました。最初に花岡に行ったのが二〇〇二年だったんです。社会民主党系の組合か何かが講演に呼んでくださった時のことです。寒い季節だったもので、夜みんなできりたんぽ鍋でお酒を飲んでいて、「明日どこか見たい所がありますか」と聞かれたのです。そこで、二〇〇〇年に和解が成立したという記事を新聞で読んだ記憶が頭の片隅にあったので、「花岡事件のことをご存じの方がおられたら、事件のゆかりの所をご案内していただければありがたいです」と言ったのです。

そうしたら、驚いたというか、あきれたというか、そこにいた二〇人ぐらい、全員が花岡事件の裁判の支援関係者だったのです。けれども、私が言い出すまで、みなさんはそれを言わなかった。事前の会議で、「翌日はどこに連れて行こうか」ということが話題になり、当然「花岡事件の所に連れて行こう」と言う人が出てくるわけですが、「いや、押し付けてはいけない」という意見が多数を占めたんですって。大館の方はおくゆかしすぎて理解不能なほどです。

そして翌日ずっと回らせていただいて、「これはえらいことだ」と感じて、市の主催でずっと慰霊式をやっているということも伺って、それから通いはじめたのです。

小畑　何回も言うけれども、外から突然市長になって来て、事件のことは知らなかったけれども、「これは当然やること」と何の迷いもなかったですね。

池田　「これが真っ当なことだ」とか「これがコモンセンスだ」ということをパッとやるというのが、私は社会的保守主義者だと思うんですよ。「主義」という言葉はしっくりこないでしょうけれど。

4、再び自治体が慰霊式を継続したことの意味

●日本が戦争の犠牲者を弔うことの難しさ

池田　少し前になりますけれど、舛添要一さんが都知事になられた時、すぐにやったのが北京とソウルに行くことでした。今もそうですが、その頃も対中国、対韓国の外交関係がこ

じれている時期だった。それでも、「国と国とがこじれていても、自治体と自治体は友好都市の関係を結んでいるので行き来できる、国同士がこじれていればいるほど自治体の交流が重要なんだ」と発言し、行動されたのです。あの時はさすがと思いました。

小畑　日本の場合、中国と日本の狭間に朝鮮半島があって、南北に分かれている。戦争中はその三つの国から日本にやってきていて、花岡事件にも朝鮮半島の人は少し関係もあり、あるいは在日の問題もあるわけです。その辺が非常に難しい。

池田　花岡の犠牲者のご遺体を埋めさせられた中にも朝鮮の方々がおられたそうです。ですから戦後、その方々が「あそこに埋まっているはずだ」とリードする形で発掘することにもなった。そのまま戦後も日本で生きていくことに決めた、朝鮮半島出身の方々です。

小畑　同じ仕事をさせるため、一緒に大陸から連れてこられたのに、片方は大日本帝国民で、片方は戦争捕虜ですというのも、問題の複雑さをあらわしています。それも悲惨なんです。酷《ひど》い話でね。

池田　フォーラムで遺族が発言なさるのですね。例えば、「田んぼで働いていたお父さんが、トラックに乗せられて連れられて行った。お母さんと自分は村で乞食をして大きくなった」と証言なさる。その証言をされるおじいさんは、私よりも少し上の年齢なのですが、体が小さいんです。貧しい暮らしをずっとされていたので、本当に体が小さいの。それに、私が参加しはじめた頃は、まだ人民服みたいなものを着ていらっしゃいました。

小畑　そんな話が凝縮されているのが、花岡事件でもあるわけですね。

●慰霊式が続くことに意味がある

池田　そうです。でも、ずっと市主催の慰霊式があったおかげで、そして二〇〇〇年からは和解が成立したので基金ができて、そこから渡航費を出すので当事者や遺族や家族が来ることになった。その結果、強制連行の当事者や家族の人生がどんなふうに一変してしまったかということをじかに聞いたり、あるいはそれを聞いて泣いている日本人を中国の人たちが見たりするようになった。そのことによって、人と人との関係が、それこそ〈spontanety〉が心のレベルでいよいよ育っていったと思うんです。

小畑　参加されたご遺族は、あの碑を見ると、裏のほうに回って、刻まれている自分の親の名前を探すのですね。あれがたまらない。あれは、生きていた証なんだけれども、お骨もないから、日本で亡くなったということしか知らない。それを二四回も見ているけれども、たまらないという気持は、ずっと変わりませんでした。

池田　最近では、孫やひ孫の代が来ます。おじいちゃんの代の方は歯もないし、お年を聞いても実際より二〇歳ぐらい年上に見えるほど、本当に体を痛めつけられて育ったことが分かるのです。でも、ひ孫ぐらいになると、スラっとしてシュッとして小奇麗《こぎれい》で、英語ペラペラで。

小畑　私は三回ぐらい中国に行っていますけれども、いつだったか、ベンツと大八車が一緒の道路にいて、びっくりしました。

語られないこと、伝えられないこと、その地域でしか分からないこと、しかも時代が経て事実が失われるということが、どこでも山ほどあります。そういう意味で、慰霊式がずっと続くということは、悲惨な歴史を語り継いでいくことになるのだと思います。

●他の事例とはインパクトが違う

池田　行政による追悼というものが、他の自治体ではほかに例を見ないということについては？

小畑　びっくりですね。

池田　むしろびっくり。
小畑　花岡事件がいかに悲惨だったかということも影響しているでしょう。
池田　それもあります。規模も違っている。
小畑　個別に、ろくに食ってもらわせなくて病気で死んでしまったとか、リンチに遭って死んでしまったという例は、他にも無数にあるかもしれません。けれども、花岡の場合には、まさに事件としてあったわけだから。
池田　何百人もが炎天下に三日間縛り置かれて、という。
小畑　その意味で違うのです。ひと言であらわせば、いわばインパクトが違うのです。花岡事件の慰霊式が、なぜ大館でこんなに七五年も延々と続いているのかというと、やはりそういうことなんです。

●建設省では中国との仕事も担当した

池田　先ほど、小畑さんは建設省で国際課に配属され、インドネシアで賠償に関係する仕事をしたと言われました。小畑さんが入省されたのは七四年で、田中角栄首相が日中国交を回復した七二年の二年後になります。中国が相手の仕事もあったのですか。

小畑　国際課では、中国で行ういろんなプロジェクトに専門家を派遣するとか、そういう仕事はずっとやっていました。これは、戦後の賠償というわけではないけれども、何かお役に立てばという気持ちも、やはりそれはありました。

池田　そういう仕事を進めるに当たって、中国との関係でそういう歴史認識にかかわって何かトラブルがあったりということは？

小畑　もっとドライでしたからね。ビジネスとしてどのプロジェクトをするか、というようなことですから。結局、いいプロジェクトがあれば、各国が競争して援助競争をやるわけです。フランスが取ったり、アメリカが取ったり、日本が取ったりする。

池田　そういう所におられたんですね。それは何というか、高揚した、やりがいのある時代でしたか？

小畑　中国も当時、例えば耐震基準一つとっても、やはり日本を参考にしたと思います。ですから、中国側が研修生——現在とは違って本当の意味での研修生です——を送ってきたりとか、こちらから専門家を送ったりしていたのです。そういう意味でも、たいへんに中国にご迷惑をお掛けしたということで、一生懸命賠償をやっていたわけです。

そういうこともあって、中国と日本は非常に緊密でした。中国の発展のために、我々はがんばったつもりなんですけれどね。けれど、今や向こうが先進国ですからね。我々が習わなければいけないくらいで（笑）。

5、〈spontaneity〉と言うしかない

●慰霊することには保守も革新もない

池田　入省当時から期せずして中国とのそういうお仕事をやって、そして政治家に転身なさって、大館市長になられたら、そこに「どうしますか?」と花岡事件の慰霊式のスケジュールが持ってこられた。

小畑　やはりびっくりしました。四二歳の時に市長になったんですけれど。

池田　ということは、花岡事件の慰霊式をどうするかというのは、市長選挙ではべつに保革

の対立軸みたいにはなっていなかったんですね。

小畑　まったくありませんでした。自民か社会かという政党レベルの話とか、保守か革新かというレベルの話は、慰霊式とは関係がない。市長になってみれば当然でしょう？　保守も革新も関係ないです。

池田　そうですね。

小畑　考えてみれば事件から七五年なのだけれど、よく続きました。私が六期二四年だから、その三分の一を市長として主催したことになる。

●裁判と和解を市長としてどう受け止めたか

池田　和解が成立したのが、三期目の初めぐらいになります。その和解をどう思われました？

小畑　日本が大東亜共栄圏《だいとうあきょうえいけん》と言って押しかけていって、いろんなご迷惑を掛けた国がたくさんあるわけです。そういうのがたくさんあって、朝鮮半島に関して言うなら慰安婦の問題もあります。花岡事件はその中の一つと言えばそうなのですが、少し性格が違うところもあるのです。朝鮮半島に関係する問題は、国レベルの問題になっている。たとえば韓国との関係で言うならば、「日韓条約と請求権協定を両国が結んだので、一応これで全部終わりました」という格好になっている。そういう構図になると、自治体がやれることは限られている。

一方で、花岡事件の場合、裁判がされていると言っても、いわゆる民民の問題で、民間と民間の間の争いでした。どちらかというと民事裁判に近い。その争いが続いているにしても、あるいは和解が成立するにしても、それは被害者と企業との間の問題なので、行政としては一切ノータッチという姿勢がとれるのです。和解が成立しても、何か言えと求められるなら、「和解が成立して良かったですね」と話すぐらいしかできないんです。行政としては本来介入すべき話ではない。

池田　それはそうですよね。関係ない話ですよね。国対国でもないし、裁判になっている企業対個人にも市は関係ない。自治体という立場は、考えてみるとおもしろい。私は、小畑さんが強調される〈spontaneous〉な善意というものを、私たちが持っている純粋な弔《とむら》う気持ちと捉えるのですが、それを地方自治体として、慰霊式という形にするまでには、やはり跳躍があるような気がするのです。なだらかに平地でつながっている話ではない。

●いろいろな理由が重なっている

小畑　それがきわめて当たり前に実行されてきたというところが、おっしゃるとおりすごいと言えばすごいのかもしれません。

池田　なぜでしょうね。

小畑　ポイントはそこでしょうね。つまり、くり返しになるけれど、まず花岡事件が大変な事件だったということが一つある。

池田　それは大きいと思います。でも、大変ならば大変なほど、先ほどからおっしゃっているように、それに対して心の傷が癒えていない人々の言い分というのも、やはり強いものがある。

小畑　その一方の一般市民の「かわいそうだよなあ」という気持。

池田　縄《なわ》でつながれている人たちのところにおむすびを転がしてあげたとか、そういう話ですよね。

小畑　それと、これも何回も言うけれども、あと一か月ちょっと辛抱していれば、途中で大変な思いをするかもしれないけれど、もしかして国に帰れたかもしれないのにという気持も湧いてくる。

池田　「獅子ヶ森を超えたら中国に帰れると思って歩いた」というお話もあって、もう本当に切ないです。全然関係ない方向なのに、どれだけ必死の思いだったかと思います。

小畑　みんな捕まって、命を奪われた人も百人とかいるわけだしね。

●それぞれの地方の自治体に特性がある

池田　でもそれが、その自治体が主催する慰霊式の形になっている、続いているというのが、やはりそこには跳躍がある。飛躍があるから、その理由を解き明かさないといけない。

小畑　結局、自治体というのは、ある意味風変わりな存在なのです。全国にある自治体は、一つひとつ非常に変わっているのです。ところが、よそから見ると非常に変わっているのだけれども、本人たちにすれば「当たり前だろう」ということになる。ここがキーワードになると思います。

池田　なるほど。でも無縁仏にお線香を一本あげる心性は、日本全国に共通していると思いますけれど。そこをさらに超えた何かが、大館にはあるんでしょうか。

小畑　それぞれの地方の自治体に特性があり、文化があり、歴史があり、住んでいる人たちの独自性がある。それを変わっていると言えば変わっているかもしれないけれど、当たり前だと思っている人がたくさんいたということなんですね。

池田　一昨年の慰霊式の日の夜のパーティーで、大館市のある部長さんが挨拶されました。式に駆り出された大館市の若い職員が「この慰霊式をいつまでやるんですか」と聞いてきたことを紹介して、「あと五〇年やる」と答えたと言っておられました（笑）。

小畑　それは大館市のあるかぎり続けるという意味ですね。

●歴史の中に埋もれさせてはならない

池田　ただ、若い人がそう言うということは、慰霊式を続ける大館の思いが、式を見ている市の職員にも十分には継承されていないと思われて、少し残念なのです。

小畑　そうですね。こういうことだと思うのです。花岡というのは本当に大館のいちばん端っこにあります。大館市が出来る前に、花岡町と矢立村というのがあって、合併して花矢町になった。その次に、花矢町が大館市と一緒になり、大館市になったでしょう。その後も大館は、比内《ひない》や田代とまた合併します。そうすると花岡町というのは、その度に大館の隅っこの隅っこの隅っこになっていくのです。その意味で、やはり感覚的に少しずつ薄れてきてしまっているところはある。

池田　そうでしょうね。そこをどう克服していくかは大きな課題です。私は当初、慰霊式で大館に行くたびに、小学校や中学校や高校を訪ねて、参加者は少なくてもいいからと、お話をさせてもらってきたのです。そこでは、「花岡では大館市が取り仕切って慰霊式をする。そこに中国の方々が来て、『花岡は第二のふるさとです』と言って帰る。『花岡の人たち、ありがとう』と言って帰る。これは日本の誇りです」とお話ししてきたのです。五年ぐらいでやめたんですけれども、もうちょっと学校の生徒さんたちに知ってほしいなと思いましたね。

小畑　花岡事件のことでは、それをどう評価するにしても、「戦争の結果こんなことがあったよ」という事実をちゃんと伝えていくことが大切だと思います。どんなことがあっても、歴史の中に埋もれさせてしまうとまずいと思う。

池田　そこから始めないとね。

●行政は等しく市民全員を相手にするから

小畑　つまり、事実は事実として認識するということです。その事実をめぐって、またいろいろ理屈をつけて、「あいつが悪い、こいつが悪い」とか、「なぜこうなった」とやってしまうと、対立ばかりが広がって、等しく市民全員を相手にする行政の出番が失われてしまう。だから、事実として淡々と伝えていくということが大事です。ポイントはそこだと思います。そうすることで、はじめて中国の方たちにも「日本人というのは鬼ではない」「ちゃんとした人間だな」と認めてもらえる基礎になる。

池田　大館が、日本にとってもすごく良い発信をし続けているんですよね。今すぐには目には見えないかもわからないけれど、すごく大きなことです。

小畑　大きいです。戦時中、日本人がアメリカで抑留されました。私は学生の時にカナダに少し滞在したことがあるのですが、その際、ホストファミリーのお父さんが私に、「カナダの人たちは悪いことをしました」と言うんですよ。カナダに日本人を収容するキャンプみたいなものがあったそうで、「そこに日本人を敵性外国人ということでみんな集めた。良くない行いだった」と言うのです。

日本人は悪いこともしたのだけれど、他方、日本人だって向こうにいて酷い目にあっている。財産を没収された人もいる。

池田　そうですよね。ドイツ系やイタリア系の人たちにはそういうことはしなかったんですよね。

小畑　日系人だけです。でも、「悪いことをしたよね」と、その一言で救われるところがあるのです。

●自分がやったことでないけれども

池田　そのおじさんがやったわけではないのに、そういうことになるのですね。「過去のことだけれど、自分は悪いことだと思う」ということからしか、次に行けないじゃないですか。

東京都では、九月一日の関東大震災のあとの朝鮮人虐殺の慰霊式を民間がやっているのですが、歴代の都知事は、石原慎太郎さんも、舛添要一さんも猪瀬直樹さんも、そこにずっと追悼文、メッセージを送っていたのです。ところが、小池百合子知事になって出さないことにした。そうすると何が起こるかというと、「朝鮮人虐殺などなかった」と主張する人々が、慰霊式をやっているすぐそばで大音量のスピーカーを使って集会をするようになってしまった。

小畑　どこかの右翼団体か何かですか。

池田　右翼の風上にも置けない差別主義者です。よく「犬笛効果」と言われます。犬にしか聞こえない笛のように、ある人たちにしか伝わらないメッセージがあるのです。差別主義者たちは、知事が弔辞を送らないということを、朝鮮人虐殺はなかったという主張が公認されたと受け止め、行動に走ったわけです。彼らは、図に乗って慰霊式を妨害することを、去年から始めているんです。

ところで、東京の九月一日慰霊式のように、変な思い違いをした人たちが妨害するなんていうことが、大館ではなかったんですか？　慰霊式やっている所のすぐそばに、たとえば街宣車が来てガーガー騒ぐとか。

小畑　過去にまったくないわけではないです。ないわけではないけれど、そんなものは気にかけなくていいんです。そばでワーワーやったりしても、小事であって、大切なことはこれを粛々と続けることですから。微動だにせず。

一方で、これからも慰霊式を続けていくためには、外から対立が持ち込まれると難しい問題が起きるから、あまり有名になられても困るという面もある。これは淡々と続けていくことが大事だと思います。

●続けることで「なぜ続けるのか」という疑問も湧く

池田　他方で、「えっ、毎年中国の参事官が来るんですか」と、人がびっくりする。知られることでびっくりする面もある。

小畑　先ほど、池田さんは、大館の若い職員が「慰霊式をいつまでやるんですか」と聞いた話をされました。過去が薄れているので、そうならざるを得ない側面があるのだけれど、その意味でも、慰霊式をずっと続けていくことが大事なのだと思います。だって、そのことによって、「なぜ続けるのか」という疑問が出て来ることになり、それに対して「なぜかと言えば、花岡事件というこんな酷いことがあったんだよ」と伝えることにもなるからです。

池田　そうですね。そういう疑問が隠されているよりも、出してもらったほうがよほど良いわけですよね。

小畑　先ほど、建設省で部落対策をしていた話をしましたが、これも誰だって表に出したくない問題です。出したくはないんだけれども、こういう差別があったということを法律で認めて対処する。出すことで苦しいけれども、必要なことなんです。

池田　隠したり、なかったと捻じ曲げたりすることで、次があるわけではありません。やはり、死者の目を感じることが大切だということ。

小畑　池田さんのお話を伺って、はじめて大館ではすごいことをやってきたのかなと思ったのだけれど、大館の市民にとってみれば、すごい苦労はしたけれど当たり前だと思ってやってきたことなんですね。

●どちらが正しいではなく、事実を伝え続けることの大切さ

池田　やはり市長一人で言ってもできないことだけれども、お供え物を一つ置いていく地域の

人々の気持ちにハッと思う市長でなければ継続しなかった。

小畑　花岡の慰霊式を取り上げた新聞の中には、戦後補償や賠償と絡めて、だから七五年続いたという見方も出ていました。でも、私はそれはピンとこない。

池田　違和感がおありになる？

小畑　あります。補償があれば、それは良かったねとは思います。しかし、事件を体験したみなさんにとってみると、どちらが正しくてどちらが悪いという話になると、何とも言えない思いがあるから。

でも、事実を伝えていくことは、どちらが正しいという話ではない。アメリカの黒人の虐殺も、いろんな事例が山ほどあるわけです。山ほどあるのだけれども、一つひとつの事実をきちんと歴史として語り伝えていく、そこからスタートしないかぎりはうまくいかない。

池田　きちんと事実をとおっしゃるけれど、先ほどから小畑さんがおっしゃっていることは、くり返しになりますけれど、私にはやはり社会的保守主義だと感じるのです。

保守主義は正義を独占しない、ということも、小畑さんのお話に通じると思います。保守主義の根幹は、「人間は不完全で、間違える存在だ」ということが出発点です。保守主義と言うと、復古主義で「昔は良かった」「昔の人は立派だった」という立場だと思っている人もいるけれど、違うのです。保守主義というのは、「昔の人も不完全な人間だから間違いを犯している。それで痛い目に遭いながら、失敗しながら、反省しながら、社会を何とか少しずつ良くしながら回してきた。だから今あるものはすごく貴重なものなのだ。それを革命とかで全部ご破算にするのは、革命をやる人たちもやはり間違える人間なのだから、また新しい間違いを犯すことだ。だから少しずつ良くしていって、何とか転がしていくしかないんだ」という、つつしみの思想でもあるわけです。

ということは、保守主義者は、昔の人がしでかした過ちを認めるのです。「朝鮮人大虐殺はなかった」とか、「日本は侵略していない」とか、「朝鮮半島植民地支配と言うけれど、あれは合法的で、併合で、良いことをしてやったんだ」とか、いろいろ言う人たちは、そういう意味で保守主義者ではない。だから、小畑さんみたいに「あったことはあったこと」とおっしゃるのが、真の保守主義者だということです。

●本当に〈spontaneity〉と言うしかない

小畑　それともう一つ、亡くなった方たちに対して慰霊するということが大事です。事実を伝えることとあわせ、この二つは絶対に欠かしてはいけないことだと思います。

池田　それも保守主義者の考え方です。だって、今生きている人よりも、死んだ人たちの数のほうが、当然うんと多いわけです。保守主義者は死んだ人々の目を恐れる。死んだ人たちのまなざしを感じて、自分が恥じない行いをしているかというところで価値判断をする。歴史の中に自分を置いて、昔の人とのつながりの中で価値判断をするから、やはり慰霊を大事にするのです。そういうところも、小畑さんにある。

小畑　あると思います。私の宗教観もある。宗教の話を持ち出すと話が面倒くさくなるから、なるべく言わないようにしていますけれど。

池田　宗教と言わないまでも、そういう歴史観みたいなものが貫かれているのですね。そこを貫かれているのが、やはりひと言で言えば保守主義ということかなあ。

小畑　でも、やはり「主義」と言われると、どこか抵抗感があります。冒頭でも言ったけれど、主義というと科学に関係する言葉のような感じだし、もっと気持の問題なんです。それも、革新と対立するという意味を含まないで、保守と革新を乗り越えるような自発的な気持の問題です。

池田　保守の良識？

小畑　いや、良識と言うと、それをやらない人は良識が欠けているみたいになって、あまり適切ではない。だからそういうことではなくて、本当に〈spontaneity〉と言うしかないのだけれども。

池田　小畑さんのような、市長になられるような方だけではなく、普通の人が当然のように共有している、内発的なものなのですね。

小畑　だって、市民が慰霊式をやらせてくれたのです。いくら市長が「やれ」と叫んだところで、市民が「いい加減にしろよ」と感じればできない。駄目なものは駄目なんだから。

池田　保守の心とか、そんな表現がいいかもしれませんね。自治体というのは、その内部で政治的な対立があっても、住民が一緒に暮らしている単位なので、心をつなぎあうようなところがないとやっていけない。意識していたかどうかは分からないけれど、小畑さんはその心をくみ上げたのかもしれません。

小畑さんのお話は、民俗学的な思想という意味でも貴重だと思います。それがなければ、いかに人権派の弁護士さんや市民の人たちががんばったって限界があります。やはり、お供え物を一つお裾分けしていく気持ちが大切です。そこから出ているし、そこに戻るという感じがします。もちろん、裁判になってしまったら被告の企業と厳しい応酬をすることになり、それはそれで大事なのですけれど。それで命を落とした弁護士さんもいるわけだし。そういう立派な人たちの業績は大事なのだけれども、それこそそれはまた別の、〈spontaneous〉なものなのでしょうね。

小畑　そうですね。

●市民の気持ちに従ってやってきた

池田　やはり小畑さんのお話を伺って感じるですが、〈spontaneous〉なものはどこの地域でもあると思うのだけれど、それがこのように形になっているというのは奇跡だと思うし、幸運だと思うし、外部の者としてはありがたい話だと思うし、また、不思議でもあります。跳躍がそこにはあると思いますから。

今日は実感をもって、四半世紀大館市の市長さんであった方の、四半世紀あの慰霊式を主催なさり、列席なさってきた方の気持ちに触れたというか、深い思想に触れたという意味で感動しております。ありがとうございました。

小畑　何回も言うけれども、市民のみなさんのお気持ちに従って私はやってきただけのことです。

池田　そこが幸せな共鳴をしたということですね。建設省での中国との出会いとかインドネシアとの出会い、あと被差別部落との出会い、そういう経験が小畑さんにあって、それが大館に市長としてやってきて、響き合ったのだと思いました。

小畑　いろんな意見の方が大館にはいらっしゃるんです。「そんなものやめてしまえ」と言う人もいくらでもいました。それもけっして無視しているわけではないのです。ただ、そういう人も含めて、総意として「いいじゃないか、やりなよ」というのが、大館市民の総意、みなさんのお気持ちですから。

池田　違和感を持つ方も慰霊式には来てくださったりするんですよね。

小畑　そうですよ。

●いろいろな思いが寄り集まって

池田　そこが偉い。お気持ちは複雑なものがある方もこの中にはおられるんだろうなあと思いながら、いつも後ろから見ています。外の人間が言うのも変ですが、今年も来てくださってありがとうございます、と心の中で声をかけています。そういう思いがいろいろ寄り集まって、そしてご遺族の方はそういうものを受け止め、中国に持って帰ってくださって、この慰霊式は続けてこられた。

小畑　そうですね。つまり、本当にぎりぎりのところで、「嫌だな」「こんなの歴史のかなたに忘却してしまってもいいな」と思っている人は多い。でも、これはやらなければまずいなあと感じて、だから、そこに焦点を当ててやってきた。ある意味でヒューマニズムというのかもしれないけれども、そういうふうな形で口にしていけば、市民のみなさんも納得できるんです。

池田　これはもう、十分に人類普遍の何かが表れていると思う。お供え物を置くというのは日本的なんだけれど、日本的であると同時に普遍的なことだと思います。

小畑　こんなに悲惨な事件はないです。本当に悲惨な事件です。それが悲惨だということを、はっきりもう一回みんなに知ってもらうことが大事です。それに対しての市民がまっとうに反応してきたということです。

第四章

市民運動の側から市政を見つめてきて

――川田繁幸さん（六八歳）に聞く

1、花岡事件とのさまざまなかかわり

●「花岡平和記念会」とは

池田　花岡事件は、戦争中の強制労働の中でも特異な事件ですし、行政がずっと慰霊式を続けてきたという点でも、そして裁判が開始され、最初に和解が達成された点でも、ほかにはない特徴を持っています。さらには、この地域のみなさんが、戦後七五年にわたって、遺骨発掘・返還から行政の取り組み、裁判にもかかわってきていて、事件との向き合い方というのが、やはりほかの土地とはすごく違うと思います。その辺りのことが、韓国の徴用工の問題も含めて、これからのいろんなことにとても参考になるし、みんなで考えるべき豊かなものを蓄積してこられたと思うのです。

そこで、二〇〇二年に設立されたNPO法人「花岡平和記念会」理事長の川田繁幸さんに、市民運動の立場からのお話を伺いたいと思っています。「花岡平和記念会」について、内閣府のNPO法人ポータルサイトでは次のように説明されています。

「第二次世界大戦中にひき起こされた中国人強制連行による『花岡事件』をとおして、

加害の地である大館の市民が、この事件を風化させることなく、この地に在住する人々が自ら積極的に平和を希求し、それを具現化する「花岡記念館」を建設し、そこでの活動を基調として日中の平和と交流に寄与することを目的とする」

まずは川田さんご自身のことからお伺いします。何年のお生まれですか。花岡事件とは、どのようにしてかかわったのですか。

●心ない言葉も意味のある教材もあった

川田　一九五三年、昭和二八年に大館市で生まれました。そして、七二年に大学に入学して仙台に行き、卒業して秋田市で弁護士の仕事を開始し、大館に帰ってきたのは八五年です。それまでの間、花岡をめぐって市民運動は体験していません。石田寛さんなどは若い時、早朝慰霊行動などに取り組んだわけですが、

川田さん

私は直接の経験がないのです。

知識としては子どもの頃に知っていました。小学校の時に学校の先生が「こういう事件があった」という話をしてくれましたから。

池田　高学年になってからですか。

川田　たしか五年か六年の時です。その頃、結構心ない事を言う人たちがいました。

池田　どういう事ですか？

川田　「中国人というのはあまり物を知らないので、山を越えれば海だと思っていた」とか、そんな話です。獅子ヶ森の山に逃げ込んだ中国人のことをそう表現するのです。

池田　中国人にとってみれば、どこに連れて来られたのかも分からないわけですから、素直に聞いたら胸が痛む話です。でも、そういうところを、「物を知らない中国人」というニュアンスで言うのですね。

川田　一方、私が大学に入る頃には、学校の社会科の副読本に花岡事件のことが載っていました。事件のことと、大館出身の安藤昌益のことと、二つの素材で一つの本になっていた。

それ以外は、あまり花岡事件について語られるようなことはありませんでした。

●労働運動とかかわって花岡事件に関わる

池田　八五年に大館に帰ってきて、事件と直接に関係を持っていくわけですね。
川田　私自身、労働組合とか労働者側に立って事件をやりたいという気持ちもあったし、弁護士となって最初に入った秋田市の事務所にも、かつて日本の労働運動のセンターだった総評の弁護団（現・日本労働弁護団）や自由法曹団の方がおられました。だから、私が大館に戻る時、大館地区労（地区労働組合会議）――地区労というのは地域ごとにつくられた総評の下部組織のことです――宛に「こんなヤツが今度行くからよろしく」みたいな申し送りがあったそうです。そうして地区労弁護団の仕事をするようになるのですが、当時の地区労事務局長の谷地田恒夫さんが「ミスター花岡事件」と呼ばれるような、花岡の事に非常に詳しい人だったのです。それで私もかかわるようになっていく。
一九八七年、中国側の代表として、事件の際の大隊長だった耿諄さんが初めて大館に来られます。歓迎の実行委員会を開くということで、私もそれに参加した。その後も毎回実行委員会が結成されるのですが、次第に「お前が実行委員長をやれ」という話になって、「仕方がない、やるか」という感じになっていく。私が弁護士だから、実行委員長にしておけば、お飾りになると思われたのでしょう（笑）。

池田　なるほど。職場や人間関係のいろんなお付き合いの中で、若手の川田さんが次第にかかわりを深めていくわけですね。

川田　そうです。総評が解散する前は、下部組織である地区労の中にいろんな人たちがいました。政党を見ても、社会党はもちろんのこと、共産党を支持する人たちもいた。そういういろんな人が一緒になり、その都度、歓迎する実行委員会をつくったのです。

その過程で、のちに裁判を担うようになる弁護士の新美隆先生とか内田雅敏先生との間でも、いろいろな交流をするようになります。大館にやってくる中国の生存者――中国語では幸存者と呼ばれていますが――の話を一緒に聞いたりするわけです。それで、一九九五年に裁判が始まりますけれど、私にも弁護士として代理人になってほしいという要請があります。裁判は東京地裁でやられるのだけれども、もし事実関係に争いがあって「地元の人を証人に」ということになると、私が関与していたほうが望ましいということで、花岡事件の裁判の訴訟代理人に加わったという経過です。

池田　それで、二〇〇〇年に和解が成立することになります。

●早くから指摘されていた記念館の必要性

川田　そうです。一方、事件の事実を後世に伝え残すため、記念館のようなものが必要だという話は、和解の前から出ていました。

池田　九五年に提訴したころですか？

川田　その前からです。一九九〇年に耿諄さんを代表として生存者・遺族と鹿島建設が交渉を開始しますが、その際に要求した項目の中には、「記念館を建てること」というものがありました。ただ、この際に両者が合意して公表した声明の中で、鹿島建設は、「花岡事件」が強制連行・強制労働に起因するものであり、企業として責任があることを認め、「深甚《しんじん》な謝罪の意」を表明したものの、賠償や記念館設立に応じなかったのです。そこで九五年、遺族らが賠償等を求めて東京地裁に提訴し、和解交渉となっていく。しかし、過去の裁判所の和解事例を調べると、記念館を建てるようなことを合意事項にできた例は、あまり見られない。実際、二〇〇〇年の和解の時に、記念館を建てるという話は合意から漏れてしまった。それで、

花岡平和記念館

以前から声があがっていた記念館の建設のため、市民レベルで動き出したという経過です。

池田　裁判所の和解ではそこまで行かないんですね。

川田　おそらく鹿島にとっては、記憶を継承するという抽象的なレベルに留まればいいけれども、具体的な会館という形で残されるのはという気持ちも、やはりあったのではないでしょうか。予算の問題も出てきますし。

2、記念館の建設につながった戦後の市民運動

●「特定非営利活動促進法」が制定されたことで

池田　記念館を建てるのは一〇年掛かりでした。

川田　そうです。だって、まずどこに建てるのかも見当がつかない。

池田　お金もない。

川田　はい、そういう状況だから、率直に言うと、理事長として焦った感じはあったんです。

池田　みんな「建てよう、建てよう」と言うけれども、実際にどうすれば建てられるのかと（笑）。

川田　じゃあ現実にあなたたち、お金をどうやって準備するの、という（笑）。

池田　それはそうですよねえ。

川田　まず日中平和大館会議を二〇〇〇年に結成し、私が代表となります。ただ、募金を始めたのだけれど、これがなかなか集まらないんです、実際には。

そうこうするうちにＮＰＯの制度があるぞということになった。非営利団体であるＮＰＯというのは以前からあったのですが、九八年に「特定非営利活動促進法」という法律が制定され、税制面その他で活動しやすくなったのですね。それで「我々の運動団体もＮＰＯにしたらどうか」という話になったのです。

さらに、認定ＮＰＯになると寄付金控除ができるのです。我々の団体もこれに当てはまるかもしれないということで申請したら、仙台の国税庁から大館に調べに来られて、「大丈夫ですよ」ということで、認定ＮＰＯ法人花岡平和記念会ができたという経緯です。

池田　日本の中でも早い認定でしたよね。全国で三番目ぐらいでしたか。

川田　東北では初めてではないかなと思います。

●最初につまずいた理由

川田　「寄付してもらうと寄付金控除ができます」というのは、かなりのセールスポイントになるのです。そこから募金が集まりはじめた。

募金がある程度集まり、実際に建物を購入する段階になったのですが、最初はつまずきました。花岡の農協の建物を購入しようとしたのですが、そこを図書館にするという目的で寄付をする人がいて、図書館になってしまった。

池田　花岡事件の記念館がそこにできてほしくない人がいたと聞きました。

川田　そうだと思います。保守系の議員などがからんでいるといううわさもありました。けれども図書館をつくるのに文句を付けるわけにもいかないし、仕方がないのでいろいろと探しているところに、今の記念館の所の土地があるということで、まずは土地を買った。それから、お金がもう少し貯まってきたので、次には建物を建てたという経緯です。

池田　最初につまずいた時は、私もがっかりしました。

川田　でも、考えようによっては、今の所のほうがいいのかもしれない。中国の人たちが強制労働させられた川を挟んで、真向かいには犠牲者が納骨された信正寺がありますし。

それに、会館ができてからは、雰囲気が変わったりもしたのです。お年寄りがやって来て、「じつは昔はこうだったんだ」と話をしてくれる人たちがいたりします。

池田　過去の体験を話すことによって、背負っていた荷物を降ろすようなお気持ちですかね。

●記念館建設にあたって四つのコンセプト

川田　建てる際、どういうコンセプトのものにするか、みんなで議論をしました。まず前提的なこととして、資金が十分でないこともあるけれども、秋田なのだから「秋田杉を使った建物を建てよう」と決めた。

実際の中身に関しては、第一に、もちろん「事件のことを掲示する」ということです。それから、二つ目に「記念館を基にしてフィールドワークもできるようにしよう」と。

池田　それが特徴ですよね。あそこに行って、そして事件に関連した場所を訪ね歩くフィールドワークをする。

川田　そこも合わせて一つの複合施設という感じですね。

それから、これはまだ十分にはできていないのだけれども、「花岡事件に関するいろんな資料を集めて、若い人たちが調べられるような場所にしたい」。それが三つ目です。

それで、四つ目に、事件のことはさることながら、建てるまでの間に中国の人たちといろんな交流をしてきたわけですよ。だから、中国の人たちと交流してきた歴史というか、そういうこともあるのだということも展示していこう、というところなんです。

池田　若い世代の中から郷土史家みたいな方が育ってくるといいですね。

川田　それで事務室の隣に研修室をつくりました。椅子を置いて調べたり勉強できたりするように、ということを考えて。

池田　あそこに行けば花岡の資料が手に取って見られるというのは大きいですね。それに、事件や裁判のように、すぐに目を引くことだけではなく、この事件を介して中国と大館の地元がずっと交流してきた歴史も大切だと思います。だって半世紀以上も、いえそれよりも長く、ずっと交流してきているのですから。

川田　花岡事件に特色があるとすれば、記録が残っているということが一つです。鹿島にも残っているし、新美先生などはアメリカの国立公文書館に行って、資料を集め、写真に写したりもしていて、そういう資料が残っている。これほどの記録が残っているのは、中国人が強制連行で連れて来られた一三五の事業所の内、ここと大阪の築港だけなんです。

池田　そうなんですか！　以前、長野の平岡ダムの事業所の跡にも行ったんですけれど、資料は残っているということでしたが。

川田　連行に関する多少の記録はどこも残っていますけれど、本格的な形で記録が残っている事例は、ほとんどないのです。

池田　そういう視点を持って記念館を見てはいませんでした。花岡ほどの記録があるのが普通だと思っていた。そのことから見ても、花岡というのは、私たちがいつも参照しなければならない原点のようなものになり得ますね。

●労働運動が全力で取り組んだ

川田　花岡のもう一つの特色は、この地域は戦後すぐから労働組合が強かったことです。鉱山の組合が強力だったし、鉄道も弘前から秋田までの国労（こくろう　国鉄労働組合）が強かった。労働組合が遺骨送還運動などに本当に一生懸命だったのです。

そして、遺骨送還運動とかをしていれば、当然中国の人たちとのコンタクトができる。

そういう意味で二つの特徴がある。記録が残っていることと、労働運動が強かったが故に日中の交流が生み出されたことです。

池田　労働運動が花岡事件に取り組んだと言えば、一鍬運動ですね。

川田　そうです。一九六三年のことですが、作業しているうちに遺骨が出てきたので、みんなで一鍬ずつ発掘しようという運動でした。

池田　みんながちょっとずつ力を出し合おうみたいな感じで、現在の言葉ではボランティアですよね。一鍬運動という、名前がいいです。一鍬運動の呼びかけに協賛した人が一週間で全国から五〇〇人も参加して発掘し、一三箱の遺骨を収集したわけです。そして中国に送還することになる。

●在日の方が遺骨の発掘、送還で大きな役割

川田　中国に遺骨を送還するのは、一回目は一九五三年です。四五年にアメリカの占領軍が大館にやってきて、殺された中国人の遺体を見つけるわけですね。「木箱から足が出た写真がある。これは何だ」ということで――。

池田　事件が発覚した。

川田　そう。これは虐待ではないかということになり、アメリカ軍は鹿島組の関係者を取調べ、七人を秋田刑務所へ収容し、二年半後、ＢＣ級戦犯を裁く横浜裁判で判決を下したのです。間もなく減刑され、釈放されましたが。

しかし、遺骨のほうは、なかなか中国には送還されなかったのですね。最初は信正寺のお堂に置かれていたみたいです。ところが一九四九年に中華人民共和国が成立すると、そこは現金なもので、鹿島建設はすぐ納骨堂を建てた。

池田　だけれども、まだいっぱい散乱しているのを、在日韓国人、朝鮮人の方々が発見した。

昭和二三年三月一日、横浜裁判は花岡事件に関する裁判で、終身刑一人、絞首刑三人、重労働二〇年の計六人に判決をくだした。鹿島組から四人、警察側から二人が判決をうけた（六人とも間もなく減刑されて一九五五年から五六年にかけて釈放された）。

アメリカの対日政策の変化によって、極東軍事裁判が一方的に打ち切られ、中国人強制連行についての追求と処理も打ち切られた。花岡事件は、中国人強制連行が起因であり、これを閣議決定した閣僚をはじめ、軍部、企業、労務統制機関の責任追求はなされなかった。国内の中国人強制連行にたいする裁判は、これが唯一のものになった。
　政府は昭和二一年三月、鹿島組にたいして「華人労務者移入費」補助金として五八万三四七一円、「華人労務者使用損益」金として、同和鉱業に六七万二二六九円、鹿島組に四六万一五四四円を支払っている（前掲『草の墓標』）。これは「国家補償」金の一部にすぎない。同和鉱業にたいする戦時補償額は約七〇〇〇万円であった
（同和鉱業『七十年の回顧』）『大館市史』

川田　金一秀さんと李鐘応さんが中心だったと聞いています。大館は鉱山地帯だったので、働くようになった経過はいろいろとあるんですけれど――自発的に来た人もいれば、官斡旋で来た人、強制的に徴用された人など――朝鮮の人たちが非常に多かったんです。それで、終戦後というか敗戦後も、大館が県内の在日朝鮮人の中心になったみたいな時期があるんです。
　朝鮮の人たちは結構な力があって、さまざまな運動をやっていた。金一秀さんが当時の花岡町長だった山本常松さんに、「ちゃんと遺骨の収集、保管、送還をしないといけないのではないか」という意見を述べたと聞いています。それで四九年に遺骨が発掘されるし、五〇年、山本町長が慰霊式を執り行う。花岡町は、遺骨を発掘する時に働いたということで、労働基準監督署を通じて朝鮮人に賃金を払うようにしたそうです。それで五三年、はじめて遺骨の返還が

実現するという経緯です。

池田　山本さんのご子息に伺ったのですが、常松さんは戦時中、青森や岩手の鉱山で働いていた間、大館のご自宅が空いていて、金一秀さんに貸しておられたとか。そんな関係もあって、お二人は中国人犠牲者の問題で協力し合っていたのですね。金一秀さん、その後は?

川田　しばらくこちらにいたが、最後は北朝鮮に行かれたんじゃないですか。そういう金一秀さんたちの動きに触発されて、労働組合が動き、やがて六三年の一鍬運動になっていく。

●「中国殉難烈士慰霊之碑」が建った理由

池田　六三年の暮、一一月二四日に花矢町・鹿島建設・同和鉱業が合同でお金を出しあい、公園墓地の入り口に大きな碑を建てました。

川田　そうです。「中国殉難烈士慰霊之碑」です。

池田　この時期にこれを建てた理由は何なのですか。

川田　そこの経緯はよく分かりません。山本常松町長さんが、ある程度思想的な背景があり、花岡事件の慰霊のさまざまな行政的な動きをしたのかと思っていたのですが、そうでもなさそうです。左翼でも何でもないのにそういう運動をしたというのは、すごくユニークというか、おもしろい人だなあと思います。

池田　組合がすごくがんばって、おそらく新聞なんかでも報道されたでしょうし、そうやってご遺骨の発掘運動がされているのを横目に見ながら、花矢町・鹿島・同和が碑を建てようということになったのでしょうか。

川田　そういう動きがあることに触発された部分もあるだろうと思います。

池田　一鍬運動をやっている人たちと花矢・鹿島・同和というのは、考え方が同じとは言えませんよね。だけれども、タイミングとしては大々的な発掘が終わったところで碑が建つわけです。何かこう、良い連携プレイをしているような感じなのだけれど。

川田　結果的に見ればそうですね。いずれにせよ、山本さんが花矢町の町長をやっていたことは、この事件を残す意味で客観的に見てかなり貢献したというか、そういう部分があった。当時としてもすごく大きな碑です。それなりに費用も掛かったと思います。

●「中国殉難烈士慰霊之碑」の特徴

池田　裏に犠牲になられた方々の名前が彫ってあり、何か碑文《ひぶん》があるわけではありません。慰霊碑は全国にありますが、どれもとても個性的で、地域ごとの、それを建てた当時の情勢を反映しているんだなと思わせるものもいろいろありますが、花岡の碑は、私が今までに見た慰霊碑の中でもいちばん大きく立派な部類に属しますが、同時にとてもシンプルです。

川田　そうかもしれないですね。

池田　碑銘と、犠牲者のお名前だけ。碑によっては言い訳じみたことが書いてあったり、あるいは「自分らは関係ないんです」ということを暗にほのめかして、「そうだけれども慰霊はいたします」というニュアンスで書いたりする。花岡の碑にはそれがない。とてもシンプルで余計なことを言わない分、純粋に慰霊をするという。それが、ほかのと比べても、いいなあと思うんです。

川田　あそこの碑の前では、中国の人が来ると、裏に行って自分の親族の名前を一生懸命探していかれるんです。

池田　触って、泣くんですね。あれは何度見ても胸に迫るものがあります。だから、とても良い碑だと思うんですね。大きいし、場所もいいじゃないですか。市民墓地の入り口だもの。

●「日中不再戦友好碑」をめぐって

池田　これが建った三年後の六六年には、山の上に「日中不再戦友好碑」ができます。これはどこが建てたんですか？

川田　不再戦友好碑を建てる実行委員会というのがあって、そこが中心になりました。

池田　実行委員会の中身はどういう？

川田　日中友好運動に携わっていた人たちです。社会党系と共産党系に分かれる前の時代です。私が思うのは、昔はいさかいがあってそれぞれに理由があったかもしれないが、今さらそんな話をしても仕方ないのだから、一緒にやろうとまでは言わないにしても、どっちが正統だとか、どっちが主流だとか、そんなことを言うのはやめたほうがいいということです。

池田　本当にそうですねえ。

川田　逆に、こういう言い方をすると怒られるかもしれないですけれど、「花岡の地・日中不再戦友好碑をまもる会」の人たちも六月三〇日に信正寺で法要をやっていますが、べつに我々もそこに行って差し支えないのだとは思います。
池田　「まもる会」の方は、慰霊式のほうには来られないんですか？
川田　いや、慰霊式にも来ます。市主催だから、案内も行きますし。

3、大館市が慰霊式を続けてきた意味

●「花岡は日中友好のプラットホームだ」

川田　大館の場合は、行政が慰霊式を主催していることが、ある意味でものすごく大きいと思います。そこに政治的な立場を超えて、いろんな人が集まる。
池田　大きいですよねえ。
川田　我々は、中国を気にしてこういう事をやっているわけではないのですが、中国大使館の参事官の誰かが、「花岡は日中友好のプラットホームだ」という言い方をしています。プ

ラットホームとは出発台みたいなもので、歴史認識をきっちりするということが出発点ではないかという意味で、そういう言い方をしているのかなと思って聞いていました。

池田　大使館から見たらそういうふうに見えるんじゃないですか？　日本全体を見回した時に。

川田　自民党だった小畑元さんが六期二四年間続けてくれたことも、今の福原淳嗣市長が受け継いでいることも、大きな意味があると思います。

池田　川田さんから見て小畑さんはどんな方ですか？

川田　いろんなことがあるけれど、この花岡事件に関して言えば、やっていかないといけないという考え方だったのではないですかね。本音を言えば、畠山健治郎さんから小畑さんに変わった時には、私はかなり危機感があったんです。というのは、保守系、たとえば

自民党系の市会議員から「あんなものはやめてしまえ」という声が上がっていることは、我々の耳に入ってきていましたから。

池田　そういう時期があったのですね。

川田　現在の福原市長も、ちゃんと引き継いでやってくれています。中国に行くと、慰霊の行動を続けているということで、大館の評価はけっこう高いみたいです。今、中国政府にはさまざまな問題があるけれども、中国政府と中国国民を分けて考えれば、中国国民からそういう評価が得られるのであれば、自治体として意味があることではないでしょうか。

●市民の弔う気持ちに市が応えて

池田　小畑さんにはすでにお話を伺ったのですが、「なぜ市の主催で続けようと思われたのですか」と伺ったら、とても印象的だったのは、直接的なお答えではないんですが、「公園墓地に行くと必ずあの慰霊碑の前にお供えが置いてある」と。

川田　たしかにそうですね。

池田　「それを見て」ということをくり返し強調されるんですよ。だから、保守主義とか何主義とかの、それよりもっと手前の弔う気持ち、それが地域の人々にあるのだということを、受けとめる感性を持った市長さんである。そのような弔う気持ちが地域にあれば、市が主催して慰霊式をやるということは、共同体の意思として正しいことなのだ。そういうお考えの方のようです。

川田　そういう見方は初めて聞きましたね。花岡の人たちの中では、あの事件を嫌ってあまり表立てたりしたくないという声がある一方で、今言われたように、慰霊碑の所にお供えをするようなことは、結構絶えずに続いているのです。誰がしているか分からないんですけれど。

池田　だって、花岡の人たちの中にも、やはり殺された人もいるし、裁判にかけられた人もいるし、あるいは自警団や消防団として山狩りのために動員された人たちもいるわけです。おじいさんの世代には花岡事件に地域として否応なくかかわっているというお宅が、ほとんどじゃないですか。ですから、「もう昔の事だ」ということで気持ちの区切りを付けて、「あれはかわいそうだった」「あれは酷いことをこちらがしたんだ」というふうに考えられる人と、やはり肉親のかかわった事として引きずっている人と、分かれてしまうのは……。

川田　やむを得ないことなんです。

池田　一人の人の心も分かれているかもしれないし、それは人情です。だけれども、市が、市長が、「いや、弔いましょう」という姿勢を示しつづければ、分裂している人たちの気持ちもやはり救っていくと思うんです。市がやっていることを腹立たしいと見ている人もいるかもしれないけれど、やはり弔う気持ちのほうがだんだん強くなっていく、救っていくということなのではないかなと、小畑さんのお話を伺って思いました。

川田さんが先ほどおっしゃっていましたが、記念館が建ったら近所のお年寄りが「いやあ、こういう事があったんだよ」と話していくというのは、それで心の荷物が少し降りるということではないですか？

川田　かもしれませんね。

●「つらい記憶を語ることが治癒になる」

池田　私はアウシュビッツに何度か行って、戦時中、そこに収容されていた人のお話を三人ぐらい聞いたことがあります。子どもの頃に入れられていて、今ではみなさんご高齢です。ある時、ご高齢の婦人が、なかなか私たちの待っている部屋に入ってこない。施設長の年を取ったシスターと、ドアの前でずっと抱き合うようにしながら話をして、ぐずぐずしている。ようやく入ってきてお話を始めても、声が小さいし溜め息ばかりで、語るのもつらそうな感じでしたが、最後はようやく語ってくださったんです。でも私はすごく心配になって、通訳してくださったアウシュビッツ博物館公式ガイドの中谷剛さんに、「あの方は思い出したくもないつらい昔のことを、しかも見ず知らずの東洋人に話して、今夜眠れるでしょうか」と言ったら、中谷さんが「いや、彼女は、今日はぐっすり眠れると思いますよ、つらい記憶を語ることが治癒になるのです」と教えてくれました。

その時に中谷さんから聞いた話ですが、証言者のある男性のご老人は、いつも息子さんが付いてくるそうです。話の途中、涙で言葉に詰まると、そばにいる息子さんが「それから？それからどうしたの？」と、すごく厳しく話の続きを催促するんですって。おじいさんはそれに催促されてようやくしゃべる。あまりの光景に、聞いているほうがちょっと硬直したような感じになっていたら、最後におじいさんが退出してから息子さんが「今日は聞いてくれてありがとうございました。これは父のセラピーなのです」とおっしゃったそうです。

花岡の場合も、被害と加害と立場は違うけれども、心の傷は加害者にも、それから地域の人々にもあるわけですよね。だから、記念館が建ったことによって心の重荷を少し降ろすというようなことは、地域の方にとっても良いことなのではないだろうか。しかも、記念館に話しに来られる方々は、自分は当時、何もしていないんですよ。まだ子どもだったり若かったりして。だけれども、理不尽なことに何か名状しがたい良心の呵責《かしゃく》みたいなものを——真面目な方々なんだと思いますよ——背負ってしまっている。だから記念館ができるのも嫌だった。でも、その同じ気持ちが記念館で語ることを選ばせるというのは、ものすごく大きなことだと思うんです。

●中国の人にとっても癒やしになる

川田　中国の遺族の人たちについて言うと、毎年来られるので、お話を伺うんです。いちばん印象に残っているのは、一九九九年の魏書臣《イショシン》さんで、非常に涙したんです。

中国から来る時に、「恨みがあるのだから傷つけてこい」と言われたそうなんです。日本の人たちへの恨みがあった。来るのも嫌で嫌で仕方なかったということです。ところが、私たちの集会を通じて、彼らがやっている運動を支援してくれる日本人がいることが初めて分かったと言うのです。そして、「来なければずっと日本を恨んでいただろう。そういう気持ちでいたことを申し訳なかったと思う」と、目の前で泣き崩れられた。こんな純真な人がいるのかなとびっくりしたことがありました。

被害者もそうですが、ご家族も大変な目に遭っているんです。お父さんが連行されて、家族を養っていかなければいけないわけですから。それでも今まで、生存者の場合も含めていろいろ話を聞いてきたけれど、日本に対してあるいは我々に対して、恨みがましい話をするという人はまずいない。我々は構えているのですけれど。

池田　恨みをぶつけられても当然だと?

川田　当然だと思っている。けれど、加害の国の人たちが、それも直接手を下したわけではない人たちが、歴史的な事実を知ってちゃんと記憶してくれているということが、あの人たちにとって、ある意味での癒しになっているのかなと感じます。戦後補償というと金銭的なことを思い浮かべるけれども、これは、広い意味での戦後補償だという考え方もあるんです。耿諄さん辺りになると「大館が第二の故郷だ」と言われて、そこまでは私も理解できないところがあるんだけれども、そんなことを言われているという話も聞いたことがあります。そういうことを、我々はもう少し考える必要があるのではないか。

●花岡をどう継承していくのか

川田　私の友人なんかも、「いつまで贖《つぐな》えばいいんだ」と言うことがあるんです。しかし、そういうことではない。要するに、こういう事実があったということを、ちゃんとこちらも胸に秘めているんだということ、それが相手に伝わることが、我々にとって本当に大切なのではないかと思っています。そういう人には記念館に来てもらえばいいのですが（笑）。

池田　本当にそうですね。企業の研修で記念館に来てもらうとか。あるいは学校の教育ですね。川田さんはかつて学校の副読本で花岡事件のことが取り上げられていたことを紹介してくださいましたが、そういうものをもう一度復活させるべきではないでしょうか。

川田　私たちの記念会はお金がないので、みんなで会館の受付とかをボランティアでやっていて、私も月に二回やっていて、その日にあったことはみんな記録します。最近記録として書かれていたことの中に、地元の花岡小学校の五年生と二人の教師が見学していったことがありました。良かったなと思った。記念館の展示を見た生徒は、五年生だから今の段階でははっきり意味は分からないかもしれないけれど、いずれこういうことを見たことを思い出す時があるのではないかと思うんです。花岡小学校は地元ということもあるのかもしれないけれど、市内のほかの小学校も、低学年は無理でしょうけれど、六年生とかになったら、あるいは中学生になったら、見学するような機会があったらいいなあと思います。

池田　そうですね。もちろん先生方や学校の方針にもよるけれども、「こういうメニューがありますから、ぜひいかがでしょうか」みたいなふうに提案ぐらいはしてもいいですよね？そうやって地域の若い世代にしっかりとこの事業が受け継がれていくようにしないと、少し寂しいと思います。

民間の記念館によっては、地元の高校生がボランティアでお留守番をしたりする、ということをやっています。地元の高校に働きかけるというようなことはできないのでしょうか。たとえば歴史研究会とか、現代史研究会とか、そういうサークルがあったりするじゃないですか。そういうところにボランティアで頼めないか、みたいなね。

川田　できればいいんですけれどね。

池田　継承は早急に考えないといけない。やはり、それは中国の方々への、私たちの義務ですから。

川田　中国の人たちも、遺族の二世・三世の世代の人たちも来ていますからね。

池田　そうですね。そして、三世・四世の方々と大館の若い世代が交流を続けていければいちばん良いと思います。

補章

花岡、西松、三菱マテリアルの和解から学ぶこと

——内田雅敏さん（七六歳）に聞く

ユーチューブチャンネル・デモクラシータイムス
「池田香代子の『世界を変える一〇〇人の働き人』第二四回」(二〇一九年八月六日)より

池田　先月(二〇一九年七月)、参議院選挙が終わりました。自民党の大勝という結果を受けて「安倍政権の、特に外交政策が評価されたのだ」と言う人々がいます。とりわけ対韓外交です。徴用工問題がこじれていて、韓国への半導体素材の輸出規制が、もうすぐ選挙という七月に入って発表されましたが、日経新聞の世論調査によると、五八パーセントの人がこの措置を支持しているということです。驚くべき数字です。日韓関係はますます悪化し、戦後補償は円満な解決からはますます遠ざかるような感じです。
　でも、今だからこそ参照したい、私たちの経験があります。対中国戦後補償の和解についてです。これら数々の賠償裁判に携わってこられた内田雅敏弁護士に、その辺のところを詳しく伺いたいと思います。
　内田さん、今日はよろしくお願いいたします。
内田　よろしくお願いします。

1、戦後はじめての和解となった花岡和解の意味

池田　これから三件の和解についてご説明いただくのですけれども、そのうちの最初の和解となったのが花岡事件の裁判です。私もご縁をいただいて、二〇〇四年ぐらいから断続的に一二、三回、秋田の大館市が主催する慰霊式に通っております。今年も内田さんとご一緒になったのですが、毎年行っていらっしゃるのですか。

内田　中国に行っていた時を除いては毎年行っています。

池田　今年、中国人の顔見知りの通訳さんから、「以史為鑑」と書いてある扇子をいただきました。これは「史を以って鑑と為す」、つまり歴史をもって鏡と為すということだと思うのですが、その裏には「面向未来」と書いてある。「未来」はまさに未来で、「面向」とは志向という意味で、つまり未来志向、未来を見よう、ということです。

内田　いい言葉ですね。

●戦時中に交戦国の中国から連れて来られた理由

池田　まず、「中国人強制連行・強制労働事件とは」ということを伺います。一九四二年一一月、東条内閣は「華人労務者内地移入に関する件」を閣議決定し、一九四四年八月から一九四五年五月までに、戦争捕虜を含む約三九〇〇〇人を強制連行しました。彼らは日本全国三五社一三五か所の事業所で、劣悪な環境の中、過酷な労働を強いられ、六八〇〇人以上が死亡したとされます。戦争末期のずいぶん短い期間の出来事です。

内田　一年未満です。

池田　でも、当時の中国は日本にとっては交戦国です。交戦国の国民をどうして連れてくることができたんですか？

内田　移入という体裁をとって強制的に連れてきたわけです。ですから、違法な行為です。

池田　違法な行為を閣議決定して、政府の方針としてやった。

内田　そう。国策として行ったということです。

池田　戦争末期、男の人たちはみんな戦争に行ってしまって、人手不足になったから。

内田　そうです。国内の労働力不足に対応するために、相手国の捕虜、軍人、それから一般の市民を拉致してきて、労働に当たらせた。

池田　それ以前に手を付けたのが、当時植民地支配していた朝鮮半島からの徴用工です。

内田　そういうことです。最初は朝鮮半島からの徴用工で対処したのだけれど、それでも賄《まかな》いきれなくなってしまった。それで国際法上許されない行為に及んだのです。

池田　国策として違法行為をしたのだから、国に責任があるということで、現在、国を訴える人々がいる、ということですね。

内田　はい。

●交渉がまとまらず裁判に訴えたが地裁で棄却されて

池田　では、三つの和解に入っていきますが、最初の和解が成立したのが、先ほど紹介した花岡裁判です。

一九四四年から四五年に、中国人九八六人が花岡鉱山に連れてこられます。そして土木部門を請け負った鹿島組（現・鹿島建設）のもとで過酷な労働を強いられ、また衣食住にわたる悲惨な生活に耐えかねて、終戦の年、四五年六月三〇日に事件が起こります。中国人が一斉に蜂起《ほうき》して逃げのですが、全員が捕まって拷問《ごうもん》を受け、その過程で二八二人が亡くなった、という事件です。戦後になりまして、八〇年代末に被害者と企業の交渉が開始されます。戦後も中国に戻らないで日本に暮らすことにした方々も少数おられ、そのうちの四人の方が鹿島建設と交渉していたのだけれども、それが報道を通じて中国にも知られるきっかけとなり、来日した耿諄さんをリーダーに、「私も花岡事件に関与した」という方々のグループがつくられて交渉が行われるきっかけとなり、一九九〇年、被害者と鹿島建設の間で共同声明が発表されます。

内田　そうです。国策によるものだけれど、企業としても責任があるというのが共同声明の内容です。それを企業側が認めたのです。賠償の問題については、これから協議をするという話になった。

池田　なのに、九五年に被害者たちは提訴します。それは賠償についての話し合いがうまくいかなかったんでしょうか。

内田　そうです。

池田　そして最初の九七年の地裁判決は「原告の請求権棄却《ききゃく》」となります。これは、どういうことですか。

内田　民法の除斥《じょせき》期間が過ぎていて無効だということです。そういう法律上の壁でもって切り捨ててしまった。

池田　「もう遅いよ」という、機械的な切り捨ての仕方ですね。そして、もちろん原告は控訴しまして、事件は東京高裁に持って行かれ、そこで二〇〇〇年の一一月、和解が成立します。これについて解説してください。

●東京高裁がドイツにも学んで和解を勧告

内田　東京高裁では、法律上の壁の問題もあるんですけれど、まず被害の実態に迫るやり方をとった。その中で裁判所が「和解による解決」を勧告したのです。かなり難航しまして、和解の勧告があったのが一九九九年の九月、成立が二〇〇〇年の一一月二九日ですから、一年以上かかったということです。裁判所の尽力が非常に大きかったと思います。

池田　内田さんをはじめとする何人もの弁護士さんたちのご努力も欠かせなかったと思います。

内田　新美隆弁護士を中心とする弁護団、それを支える支援の人たち。そういった人たちの動きもあって解決したのです。

池田　この二〇〇〇年という年なんですけれども、私はドイツとのかかわりがあるので印象的なんですが、この二〇世紀の最後の年の八月に、ドイツでも戦時中の強制労働に関して一つの解決策が生まれます。「記憶・責任・未来」財団ができまして、フォルクスワーゲンとかベンツなどの大企業が五〇億マルク——まだその当時はユーロではなくマルクだったんですね——、政府も五〇億マルクを出して、一〇〇億マルクの基金をつくった。

内田　当時の日本円で七〇〇〇億円ぐらいです。

池田　それでもってナチス時代に強制労働させられた支配地域の人々に賠償していく事業を始め、二〇〇七年までで終了しています。これを思い出すんですね。このドイツの財団の設立というのは、やはり内田さんたちにとっては心強いものだったんですか？

CANADA
UNITED STATES
RUSSIA
BRAZIL
中国人強制連行・強制労働事件とは
1942年11月、東条内閣は「華人労務者内地移入に関する件」を閣議決定し、1944年8月から1945年5月までに、戦争捕虜を含む約39000人を強制連行した。
彼らは日本全国35社135カ所の事業所で、劣悪な環境の中、過酷な労働を強いられ、6800人以上が死亡した。

内田　和解が成立した時に裁判所が所感を出したのですが、その中では「諸外国の例に学び」と書かれていて、これはドイツを念頭に置いたものです。

池田　「諸外国」と言ってはいるけれど、ドイツのことなんですね。

内田　はい。和解を裁判所が勧告して、そして〝この和解に応じた当事者双方に対して敬意を表する〟という、非常に心を打つ所感を述べることになります。

●大館市と市民が果たした役割が大きかった

池田　ここまで来るのに弁護団としても本当に大変なご苦労があったと思いますが、先ほど内田さんがおっしゃったように、地元では戦後すぐからずっと続く市民の働きがありますね。

内田　そうです。地元の大館市が毎年慰霊式を行っている。行政が行っている。

池田　最初は、のちに大館と合併した花岡の町長さんが、お寺の和尚さんと一緒に慰霊を行ったとか。そして、その町長さんというのは、政治的には保守の方だった。

内田　保守の人であっても、中国に対する関係では、「日本は侵略戦争をした。何らかの形で悼まなくてはいけない」という気持ちは当然あるんでしょうね。

池田　ぞんざいに埋められていた遺骨を掘り出し、返還する取り組みも、保守や革新を問わず進められました。

内田　その延長上に、花矢町と関連企業による慰霊碑の建立とそこでの追悼があり、それを大館市が引き継いで市の行事として毎年行うようになった。これが非常に大きいと思うんです。

池田　そうですね。慰霊式には市長さんをはじめ市議会議員さんが半数以上来られますし、中国大使館からも参加されます。もちろん中国からも、何年か前までは生存者――中国語では「幸存者」――が来られて、事件のあった六月三〇日に盛大に行われます。

内田　二〇〇〇年の当時はまだ生存者がかなりいたんですね。

●和解に必要な三つの内容と記念館

池田　この和解の内容なんですけれども、ほかの和解とだいたい同じですか?

内田　こういった和解の問題については、まず加害の事実を認め、責任を認めて謝罪する。二つ目に、謝罪の証として、賠償ではないけれど何らかの和解金を支給する。三つ目に、被害者に対する追悼式を行うなど、このことを後世への歴史の教訓とする。この三つが不可欠なのです。この三つ目を継続することによって被害者遺族に対する謝罪が真摯なものとして理解されるようになっていくのです。留意すべきことは、この三つの関係です。謝罪したから、お金を出したから、もう終わりというのではあっていけません。三つ目の追悼式の継承、後世への歴史教育が不可欠なのです。そういった意味で、花岡和解は、不十分性はありますが、一応今の三つの点を押さえた和解ではありました。

池田　原告側は「記念館を」と求めていたのだけれど、これは認められなかった。そこで、それまで裁判を支援してきた地元の方々を中心とする市民が、それから一〇年をかけて募金をして、花岡平和記念館をつくります。それができたのは二〇一〇年です。

内田　三番目の歴史教育を実践する場を、市民の側がつくったということですね。そして、大館市が毎年行っている慰霊式です。

池田　ところで、この花岡の元原告の方々は、次には日本の国に対して裁判を起こしています。それが二〇一九年の一月に請求棄却になります。最初に申し上げたように、国策としてやったということははっきりしている。企業は責任を認めた。そこで次は「国が認めろ」ということになるのは当然だと思うんですけれども、門前払いという感じなんですか？

内田　いろいろ裁判はあるんですけれど、多くの判決は、強制連行・強制労働の実態については事実認定をしているんです。ただ、中国の関係では——これは韓国でも同じことが起こるのですが——一九七二年の日中共同声明の五項で「中華人民共和国は中日両国国民の友好のために、日本国に対する戦争賠償の請求を放棄することを宣言する」となっていて、請求を放棄しているから、裁判上ではもう争うことはできないんだというのが、裁判所の論理になる。ただ、権利そのものが消滅しているとまでは言っていないのです。

●最初の和解としての難しさもあった

池田　花岡和解は、中国人の強制連行をめぐるいくつかの裁判の中で、はじめての和解でした。

内田　当時の新聞等の報道を見ても、〝これがきっかけになってこの問題は解決するだろう〟〝国の責任もけっして逃れることはできないだろう〟として、〝中国人の強制連行・強制労働問題の解決に向けて大きく出発する〟と報道されました。ただ残念なことに、鹿島建設が和解の直後にホームページで、〝これは鹿島としての責任を認めたものではない〟という見解をアップしてしまった。

池田　鹿島ホームページ事件ですね。どうしてそういうことになったのですか。

内田　鹿島内部における和解反対派の動きもあったでしょう。さらには、ほかの同じような問題を抱えている企業に対する影響が大きいということで、いろいろな――。

池田　突破口を切り開いてしまったので、ほかの企業から「お宅が謝ったからうちも謝らなきゃいけないじゃないの」と言われるのが嫌だと言われて、ホームページにそんなことを。でも、一九九〇年の共同声明では、企業の責任を認めたのですよね。

内田　そうです。だから、鹿島のホームページの記載はその後削除されましたけれど、その事実が中国大陸に伝えられて、〝鹿島は本当は謝っていないじゃないか。我々は騙《だま》されたんじゃないか〟という非難が強まって、花岡和解についての論争が起きてしまったのです。

池田　これは企業のことですけれども、政府レベルでもそういうことがよくあるじゃないですか。戦争被害国に対して政府が謝ると、政権に近い政治家がそれに反するような妄言《もうげん》を吐《は》く。対中国でも、対韓国でも、そんなことがくり返されてきました。

内田　そうですね。「謝罪と妄言の戦後史」という言葉もあるぐらいですから。そういう点が非常に不徹底で、しかも政権に近い所から謝罪に対抗する妄言が出てくる、というのが日本の状況なのです。

池田　ドイツもたまに酷《ひど》いことを言う人がいるんです。〝ホロコーストなんかなかった〟とかね。

そうすると、たとえばメルケルさんなんかがピシャッと叱《しか》ります。

内田　市民の抗議デモも起きて、その先頭に政権のトップが参加したりする。

池田　ホロコーストを否定したり、ナチスを肯定したりしてはいけないという法律もある。そこが日本と違っています。

内田　ただ、そこには地政学的な事情もあると思います。そうしなければ、ドイツはヨーロッパにおいて存在し得なかったでしょう。

池田　そういう面はあるでしょうね。でも、私たちも島国であることにぬくぬくと胡坐《あぐら》をかいているわけにはいかない。

●被害者に寄り添うとはどういうことか

内田　それはそうだと思います。ただ、一つ残念なことは、花岡和解が成立した直後、翌二〇〇一年の大館の追悼式に鹿島の東北地区の責任者が来たのですが、一部の支援者たちがそこで鹿島を糾弾してしまったのです。それで鹿島が帰ってしまって、それ以降は来なくなってしまった。一部の支援者が激昂してそうなったわけですが。あそこはもう少し考えなければいけなかったと思いますね、今から振り返ってみて。

池田　残念です。今後、鹿島の方にも来ていただけるようになるといいと心から思いますが、一方で、花岡和解を批判する人の中には、〃あれは被害者たちを騙したんだ〃という言い方をする人もいます。

内田　被害者の中でも、のちになって花岡和解を批判する側に回った人はもちろん少数ですがいます。けれども、被害者の全体を見渡せば、和解を歓迎する人が大勢であることは間違いない。裁判所の具体的な和解案が提起されたのが二〇〇〇年の四月で、私たちは四月末の連休に北京に行き、内容を説明して、そして聯誼《れんぎ》会の幹部たちの意見を聞きました。

池田　聯誼会というのは被害者たちの……。

内田　受難者の団体です。そこで全員一致で賛成してもらいました。ある遺族が、〃今まで何回も会議をやってきた。しかし今日の会議がいちばんうれしかった。具体的に前に進むことになった〃と言ったのが、ものすごく印象に残っています。

池田　日本でこの和解を批判する人々が、〃もっと被害者に寄り添ったものでないといけない〃と言うと、よく事情を知らない人は何となくそちらのほうが正義のように思ってしまうところがあります。でも、和解というのは、現実の政治の中で出てくるもので、何とかここまで持ってきたことを冷静に評価すべきだと思います。

内田　被害者に寄り添うと言っても、自分の意見として「花岡の和解に反対」という前提があって、それに見合った意見を述べている被害者を探し出してきて、「寄り添う」と言っている場合がある。しかし被害者はたくさんいるわけです。そういった中で、被害者総体の意向としてはどうなのか、ということはやはり考えなくてはいけません。

また、花岡和解はこの問題での最初だったということがあって、やはり無理をした面があると思う。日本社会でまだまだこれを受け入れるだけの状況は充分になかった。突破口を開いたわけですが、しかしやはり、その突破口を開くためのそれなりの苦労があって、反発もあった。しかし花岡和解があったからこそ、のちの西松建設和解があり、西松建設和解があったからこそ、三菱マテリアル和解があった。花岡和解はこの問題の嚆矢、これは間違いない事実だと思います。不十分性もあり、鹿島建設が認めた責任は法的責任ではないという批判もあった花岡和解を支えたのは、大館市と市民による毎年の追悼式、市民が作った花岡記念館の活動、そして西松建設広島の和解事業の遂行であったと思います。今日では「責任」とは「歴史的責任」ということで共通の理解がなされるようになり、法的責任の有無論争は克服されています。

2、法律の壁を乗り越えた西松建設の和解

●高裁判決で時効、除斥期間の壁を乗り越えた

池田　そこで、次に西松建設裁判についてお伺いします。一九四四年、広島の安野発電所建設工事に三六〇人の中国人が強制連行・労働させられたことについて、一九九八年一月、広島地裁に提訴がなされました。そして、これも二〇〇二年に請求棄却されます。もちろん原告は控訴して、二〇〇四年七月、今度は広島高裁が請求を容認したわけです。

内田　一審の広島地裁も強制労働の実態については認定したのです。しかし、除斥期間を過ぎていて無効だという、法律の壁に阻まれた。

池田　花岡と同様、「今ではもう遅いよ」という、機械的な考え方だった。

内田　そうです。その壁を突破できなかった。しかし、二〇〇四年の広島高裁の判決は〝加害企業がそれを主張することは正義に反する〟という論理で、除斥期間、時効の壁を乗り越えたのです。

池田　時効とか除斥期間は法律で定められていることです。裁判所が法律を蹴《け》飛ばした、と

いうことですか。
内田　蹴飛ばしたというか、制度の本来の趣旨から言って、時効を適用するのは正義に反するということです。
池田　すごいですねえ。
内田　時効の場合には、これは権利の乱用という問題があるのです。それで、〝この場合は乱用に当たるのだ〟としたわけです。

●救済に向けて努力せよとの最高裁の付言

池田　もちろん西松側は控訴して最高裁に持ち込まれ、二〇〇七年の四月に判決が出ます。その判決文からちょっとかいつまんで要約すると、〝日中共同声明はすべての請求権を放棄する旨を定めたものと解され、裁判上請求する機能を失った〟とする一方、〝被害者らの被った精神的、肉体的苦痛は極めて大きく、同社らが救済に向けた努力をすることが期待される〟と付言した、付け加えたということになっています。これは画期的なことですね。
内田　最高裁では時効などの民法上の壁の問題が議論になったわけではありません。日中共同声明第五項にある「賠償請求の放棄」がどういう意味を持つかが争点になった。そこで、〃裁判上は請求できないんだ。しかし権利がないとまでは言っていない。そして被害の重大性に鑑《かんが》みると当事者間の自発的解決が望ましい〃と、こう言ったわけです。付言した。

池田　この「付言」というのは？

内田　ちょっと説明すると、裁判の判決文には「主文」というものがあります。これは「被告人は無罪」とか、「被告人を懲役何年に処する」というものです。

さらに、その「理由」がある。「被告は原告に対して謝罪しているから」とか、そういうものです。

その主文と理由以外に、裁判所は「付言」をする場合があります。たとえば刑事裁判で裁判官が被告人に対して、「真面目に刑期を終えて更生することを裁判所は期待している」とか、諭《さと》す言葉を述べるようなものです。

ただし、これは判決文には書きません。裁判所の呟《つぶや》きのようなものですけれど、民事でもそういうことはたまにある。

最初に付言が注目されたのは、原爆の被害者が日本政府に対して請求した裁判の時でした。裁判所は請求を棄却したのだけれど、付言として〃もう国は経済的に充分に対処できるようになったのだから、政治としてこの問題に取り組まなくてはならない〞と言ったのです。それが契機となって、原爆の医療の関係の法律ができて、国籍を問わず適用されるようになりました。

そのあと、台湾人元兵士が〝同じ日本人として戦争で死んだり怪我をしたりしたのに、援護法の適用を受けられないのはおかしいじゃないか〞と裁判を起こしました。その際も、裁判所は請求を棄却しながらも、〝国は立法を急げ〞と付言した。そして議員立法で法律が作られ、一定の補償をした。

こういう付言の系譜《けいふ》というものがあるんです。

池田　付言の系譜が法律の不備を突き、正義を実現するという働きをしてきた。そういうことなんですね。

●付言は我妻榮の言う「条理」に基づいていた

内田　そうです。実は花岡和解のあと、西松建設の和解の前に、劉連仁《リュウレンジン》事件の、東京地裁の一審勝訴判決があります。これは、戦争が終わる直前、北海道の炭坑で働いていた劉さんが逃走し、山の中で一三年間隠れていて――。

池田　五八年に見つかったのですね。今の方はあまりご存じないでしょうが。

内田　それで強制連行されたとして九六年に提訴したのですが、その事件の時に、第一審の東京地裁は工夫をしたのです。戦前の法律の仕組みでは、「国家無答責《むとうせき》」、すなわち国家は責任を負わないということになっていた。国家は悪いことをしないということが前提となっているのです。そこで裁判所は、〝戦前の行為については、国家は無答責で損害賠償責任を認めることはできない〟としつつ、〝しかし、戦後は国家賠償法で国家無答責は削除された〟と述べ、さらに〝戦後、日本政府は逃亡した劉連仁さんを探し出して中国に返す義務があったのに、これを怠った。したがって損害賠償責任がある〟とした。こうやって裁判所は賠償責任を導き出すために非常に工夫をしたのです。

大事なことは、その裁判官が〝この被害の賠償をすることがジョウリにかなう〟と述べたことです。

池田　情けのジョウと理屈のリですか？

内田　ジョウは条文の条です。条理にかなう、と。

条理というのは、我妻榮《わがつまさかえ》の本を読むと、〝裁判官としては法律がない場合、法律を根拠とした判断をすることができない。できることがあるとすれば、『もし法律がつくられるとすれば、こういう法律ではないか』と、裁判官がそういう立場に立って行うのが条理だ〟と述べている。非常に味のある内容なんです。要するに、人の道にかなうということです。

池田　我妻榮さんというのは、昔の有名な民法の学者さん。

内田　大御所です。

池田　付言はその我妻榮から引用しているんですね。

内田　そういう判決の積み重ねがあった。劉連仁事件は高裁で敗れるのですが、先ほどの最高裁の付言も、結局そういう考え方が根底にあるのではないでしょうか。人の道にかなう、という。

池田　裁判所としては法律論からすると何ともできないけれども、〝これは救済なり何なりしなければ正義にもとるじゃないか〟という時には、たとえば付言という形で、立法を促したり法律を補ったり、そういう方向に働くことがあるということですね。

けれども、最高裁では付言が付いたとはいえ、判決としては西松建設が勝ったわけですよね？

内田　そうです。

●解決のチャンスを逃さないのが運動の役割

池田　ところが、勝った西松建設が和解を提案してくるわけです。これはどういうことですか。

内田　西松建設から政治家に違法な献金がされた小沢献金問題というのがあって、それまでのワンマン社長が退陣し、西松建設が新しい執行部になった。そして新しく生まれ変わった西松として出発するに当たって、長年にわたって懸念となっていたこの問題を解決しようということになったわけです。

池田　そういう外部的な条件があって、西松建設が和解案を持ってきた。びっくりです。

内田　問題が解決する場合には、そういうチャンスというものがあるんですよ。大事なのは、そのチャンスが来たときに生かすことができるかどうかです。それは、その運動が持続しているかどうかにかかっている。西松事件の場合、ずっと運動が持続していたからこそ、西松建設のほうから「この付言に基づいて解決をしよう」という提案をしてきた。「必然は偶然を通じて現れる」（ヘーゲル）に倣えば、継続が偶然に見える必然との出会いをもたらしたのです。

池田　なるほど。まずは原告たちの運動でしょうし、弁護団の役割も大きかったと思いますが、それを支援する市民の力も大きかったんですか?

内田　亡くなった土井たか子さんたちなどが呼びかけ人になって、付言を実現させる会をつくって運動していたんです。

池田　それが西松建設をも救うわけですね。この会には私も名前を連ねさせていただいています。

内田　西松建設の社長とは手紙のやり取りをしたことがあるのですけれど、のちになって〝和解をしてよかった。新しい西松建設になったことを見てください〟という手紙を貰ったことがあります。

池田　感動しますね。

●付言の役割を限界への自覚を

内田　私もやはり、人とのつながりということを思います。実は、その付言を書いた最高裁の判事は今井功《いさお》さんという人なのですが、東京地裁の労働部にいたころから面識があって、西松建設の和解ができたあと、それから三菱マテリアルの和解ができたあと――これも付言に基づくものでした――、手紙を出したのです。そうしたら、〝自分たちの書いた付言がこういう形で生きてくるとは本当にうれしい〟という返事を貰いました。
ただ、ある人に言わせると、「そこまでの付言を書くならば、なぜ判決として書かないのか」という問題があると。

池田　判決では〝あなたたちには裁判上の救済を求める道はない〟と言ってしまっている。

内田　最高裁で付言に基づいて解決して以降、ほかの裁判でもやたらと付言が出はじめたんです。

池田　そうなんですか！

内田　裁判官はいろいろ苦悩するわけですよね。自分たちがこの被害者に対して何かできることがあるだろうかと。しかし法律の壁がある、条約の壁がある。そういう苦悩をするわけなのだけれど、「付言を付けることによってその苦悩から逃れてしまう」という面がある。

池田　バイパスを発明したみたいな。ちょっと言い方が悪いですけれども。

内田　だから付言をあまり多用することもやはり問題なのです。付言をさらに判決による立法にまで導く筋道というか、判例法をつくりあげるところに行くまでの姿勢が必要だと思うのです。

花岡和解をした時の裁判官である新村正人さんが、今年（二〇一九年）の『世界』の二月号に論文を寄せています。その中で、〝被害があって、被害者が救済を求めている。一方で法律の壁、条約の壁がある。裁判官はそこで『仕方がない』と思うのか。それとも法律の壁、条約の壁を突破する理論を考え出すのか。それともその法律の壁、条約の壁を迂回《うかい》する他の解決方法を考えるのか。これが裁判官に問われている〟と書かれています。退官してからの発言ですけれど、僕は本当に驚きました。元裁判官がここまで言うのかと。やはりそういう姿勢を、今の裁判所に持ってもらいたいと思うのです。

●裁判官は苦悩を飛び越えて被害者に寄り添うべきだ

池田　なるほど。裁判官も苦悩するし、いろいろ考えるわけなんですね。
内田　長野地裁の裁判官は、中国人強制連行・強制労働事件の判決に際して、口頭で次のように言ったとされます。
〟自分は全共闘世代の人間だ。自分たちの前の世代は本当に酷いことをしたと思う。裁判官というのは事件を受け取った時に、この裁判はこういう結果にならないとおかしいということを、だいたい思いつくものだ。この事件を受け取った時、被害者の救済はされるべきだと思った。しかし、どう考えても法律の壁、条約の壁がある。この事件だけ特別なことはできない。しかし、判決を書くに当たって、せめて強制労働の実態について事実認定だけはします。申し訳ない〟

真面目さはあるのだけれどね。しかし、広島高裁はそこを乗り越えて勝訴判決を書いたわけです。あるいは劉連仁事件については「条理にかなう」ということで飛び越えたわけです。苦悩を飛び越えて被害者に寄り添うという裁判官の姿勢が求められるというのです。

池田　ところで、この西松建設和解ですけれども、東京簡易裁判所で和解になったんですね。

内田　和解の内容を、東京簡易裁判所で和解調書という形でまとめました。申立人が西松建設で、会社側が申し立てて被害者側がそれを受けるという形での和解調書です。

池田　花岡の場合とずいぶん違いますね。

内田　花岡の場合は裁判所の勧告によって一年以上をかけて和解がなされた。西松建設の場合は付言に基づいて当事者間でまとめて裁判所に持ち込んでつくった。そして、三菱マテリアルは当事者間で——。

3、日本政府も事実上後押しした三菱マテリアルの和解

●〝これは国策に基づく行為〟と主張した企業側

池田　では次の三菱マテリアルに行きましょうか。三菱マテリアルというのは――。

内田　戦前の三菱鉱業です。

池田　北海道、秋田、福岡、長崎、宮崎などの炭鉱九事業所で強制労働させられた被害者が、国と三菱マテリアルに対し訴訟を起こしますが、敗訴します。ところが二〇一四年の二月、日本の裁判で負けてしまったので、今度は中国に提訴したら受理された。その二年後の二〇一六年の六月、三菱が和解案を中国側の複数の団体に提示し、多数の団体がそれを受け入れた。これが概要ですが、その時に受け入れなかった団体も、あとから受け入れることになります。

これは、裁判が一段落してしまい、裁判の外で三菱が和解案を出してきたということですか？

内田　三菱マテリアルが一貫して言っていたのは、〝これは国策に基づく行為だった〟という

ことです。〝したがって、日本国家が和解をするならば、会社ももちろん和解をします。しかし会社単独では和解をしない〟と、こういう姿勢だったわけです。

池田　最初に紹介したように、東条内閣が「華人労務者内地移入に関する件」を閣議決定しました。だから、国策だったというのは一理ある。

内田　そうです。当然、国の責任があるわけです。

池田　そして、この三菱マテリアル裁判の特徴は、原告たちは国と企業を訴えていることです。花岡・西松では企業だけを訴えていましたけれども。

内田　裁判所の段階でも和解案がいろいろ出たのです。ところが、国が和解に応じないということで和解が成立しなかった。

●中国の裁判所が犠牲者の提訴を受け入れた背景

池田　なるほど。では二〇一六年になって、三菱が国に対する慮《おもんぱか》りなしに――。

内田　三菱マテリアルは、〝国が和解するならば和解する〟という姿勢を、ある時点で〝国が反対しなければ和解する〟という形に転じたのです。それが二〇一四年の二月の中国における提訴受理につながる。
つまり中国政府は、強制労働の問題と、慰安婦の問題と、毒ガスの放置の問題については、〝これは解決されるべきだ〟と一貫して言ってきたのです。しかし、中国でその問題について裁判を提訴すると、それまでは受理しなかった。つまり、ある意味でこれを外交上のカードとして使ってきていた。ところが、二〇一四年の二月の提訴については受理をしてしまったんです。してしまった、という、まさにその言い方が当たっていると思います。

池田　それまでは自国民が被害を訴えて提訴しているのに受理しなかった。それがなぜ変わったのでしょう。

内田　この時期、日本の政治家の発言が中国で大きな問題になります。最初は二〇一二年二月、名古屋の河村たかし市長が「南京大虐殺《ぎゃくさつ》はなかった」と言ったことです。そしてその年の四月、当時の石原慎太郎都知事が尖閣《せんかく》諸島を東京都で買うと発言し、それを機に国有化問題が起こる。二〇一二年に日中関係は最悪になるのです。そして二〇一三年一二月、安倍首相が靖国神社を参拝した。これで中国政府は怒ってしまったのですね。

池田　それで提訴を受理することにした。今の日本と韓国の応酬のように見えます。

●国が反対さえしなければ和解をする立場への転換

内田　受理した結果、中国において判決が下される可能性が出てきたのです。つまり、韓国における今回の徴用工判決と似たようなことが起こる危険性が生じたわけですよ。そこで三菱は手を打った。国が和解しなくても、国が反対さえしなければ和解をする、と。

池田　つまり、国は反対しなかったということですよね？

内田　しなかったです。外務省も経産省も、三菱から逐次連絡を受けていながら反対しなかった。

池田　そこが今の日韓関係と違います。国のほうが徴用工問題について前に出て、企業が独自に判断できないように、どんどん文句を言うじゃないですか。

内田　その変化を示すのが、三件の和解をめぐる当時の新聞論調です。

二〇〇〇年の花岡和解の時の新聞論調は、みんな肯定的でした。読売新聞も含めてです。産経新聞も淡々と事実を報道していました。二〇〇九年の西松和解の時には読売新聞も含めて多くは肯定的に評価しました。産経新聞だけは〝民間がこういう形で和解をすると、国家間の枠組みを壊してしまう危険性があるのではないか〟と疑問を呈していた。疑問を呈していたけれど、反対とまでは言っていなかった。

他方、二〇一六年の三菱マテリアル和解では、他の新聞はみんな肯定的だったんですけれど、読売新聞は〝これは中国政府の形を変えた揺さぶりではないか〟と批判し、産経新聞も〝こういう和解は、民間のこととはいえ、日本政府は放置していいのか〟と問題にしたのです。つまり、民間企業がやることに対して、政府の関与を求める論調が右派メディアでどんどん強まっていった。

そして今回の韓国の徴用工判決については、池田さんがおっしゃる通りです。日本政府は〝これは許されない〟〝国家間の合意に反する〟として、企業に対応させないという態度に出たわけです。

つまり、中国の三菱マテリアルの和解の時までは、民間のことであるということで、これについて反対はしなかった。しかし、韓国に対しては民間のことであるにもかかわらず積極的に反対して、企業が自発的に解決しようとする道を閉ざしてしまっている。産経新聞の〝国は放置してよいのか〟という路線に乗っかってしまっている。

池田　三菱マテリアル和解の時は、右派と目される一部の新聞が疑義を表明していたのが、昨今の韓国の徴用工問題や慰安婦問題では、新聞どころかテレビ局の中にも、国際法違反という、安倍政権が使う強い言葉で相手国を非難する局があります。社会の雰囲気がここまで変化した。相手が中国ではなく韓国だということもあるのでしょうか。相手によって態度を変えているのだとしたら、情けない話ですが、とにかく三菱マテリアルの時は、政府は口を挟まなかった。

内田　口を挟まないどころか、政府はある意味でサポートもしていました。三菱マテリアルが政府と連携を取りつつやっていたことは間違いないんです。会社のほうもはっきりそれを言っています。

●企業の代表が中国にまで出かけて和解した

池田　そうですよね。「国が反対しなければ受け入れます」と言っているということは、やはり国と協議していますよね。国が事実上後押ししたから三菱マテリアルはあのすばらしい和解に合意したということです。そこで、この三菱和解の特徴について教えてください。

内田　特徴の一つは、花岡和解は裁判所での和解、西松和解は裁判所に持ち込んでの和解であったのに対して、三菱マテリアルは当事者間の自発的な協議での和解だったことです。

しかも、三菱マテリアルの業務執行役員が中国に行って、当時の受難者に対して直接会って謝罪をした。そして、今日までこの問題の解決が遅れたことについてお詫びをした。それが一つです。

それから、規模が全然違う。花岡和解は一〇〇〇人、西松の広島安野は三六〇人。

池田　三菱は三七六五人。

内田　しかも下請け企業も入っている。

池田　炭鉱には下請けの何とか組とか、小さい会社がいっぱい入っています。そこに雇われていた人も、全部三菱マテリアルが対象に含めた。

内田　はい。当初の交渉の過程では、下請けまでは対象ではなかった。下請けを入れることにした時に、会社側の代理人が〝これは会社がこの問題を解決しようとする決意の表れである〟と胸を張って言った。私は非常に印象に残っている。

もう一つの特徴は、支給した額の問題です。花岡はだいたい五億円ですから、一人当たりの計算で行くと五〇万円です。西松建設の場合は二億五〇〇〇万円で、一人当たりではだいたい八〇万円ぐらいでした。

一方の三菱マテリアルは一人あたり一〇万元で、日本円にすると約一六〇万円から一七〇万円です。しかも花岡和解、西松和解は一括して支給されていて、その中に、当事者を探す費用はもちろん、西松の場合には当事者を日本にお招きして追悼式をする費用、受難之碑を作る費用なども含まれていて、そういった諸々の費用との関係で、当事者に対して実際にどれだけをお渡しできるか非常に難しい点があったのです。

それを三菱マテリアル和解では、当事者については一〇万元をそのまま渡すということになった。

池田　まず個々人にお渡しする。

内田　絶対に手を付けない。そして、受難の記念碑をつくる費用は、一億円を別途に出す。それから受難者、遺族を日本にお招きするに当たっては、一人当たり二五万円を会社が支給する。

池田　その都度ですか？

内田　一人当たりで一回限りですけどね。それから、中国において三七六五人の実情を調査をする費用を二億円支給する。

池田　判明しているのは、三七六五人の一部だけだったからですね。

内田　それから基金の運用費用としても、また別に費用を出す。そうやって細かに和解金の中身を決めてきたわけです。

池田　すごいですね。

●いろいろな意見の違いを乗り越えて

内田　これを花岡和解、西松和解の教訓に基づいて決めてきたのです。しかも最初から一括して全員分を払うのではなくて、ある程度まとまったごとに一〇万元ずつを払うことになったのは、非常に良いことだと思います。一気にこんなお金が提供されたならば、それを巡って争いが起きてしまいますから。

私はくり返し、「花岡和解があったから西松建設和解があり、そして西松建設和解があったから三菱マテリアル和解があった」と言ってきました。それはこういう意味なんです。

西松建設和解の時も会社側の代理人は非常に積極的でした。真面目に対応してくれていました。三菱マテリアル和解では、会社側の代理人が積極的に提案してくれて、本当は二〇一六年の一年以上前、二〇一五年の一二月に和解するところまで準備が整い、我々はチケットまで用意したんです。ところが、中国側における乱れがあってできなかった。

池田　人数が多いだけに、たくさんの団体があって。

内田　グループがいろいろあるだけではなくて、当事者がもうほとんど亡くなっている。子どもや孫の世代になっている。そうするといろんな意見が出てくる。主導権争いが起こる。それでも会社側が非常に真面目で、「とにかく早くやりましょうよ」という対応でした。それで、たまたま会社側の代理人と私の家が近くにあって、夜中に連絡を取り合ってお会いして、「こういう問題があって、これを解決するにはどうしたらいいか」ということを協議したこともあります。

だから、僕はやっぱり最後は人と人との問題だと思います。三菱マテリアルの社長が「とにかくこれをやろう」と判断をした。社内に反対が当然あったわけですけれどね。

最後に、もう一つの特徴として、和解の調印後に黙とうをしたことも大事でした。和解を見ることのできなかった多くの人に対してです。日本に連れて来られて亡くなった人たち。中国に帰ることができたけれども、今日の和解を見ることなく亡くなった多数の人たち、そしてこの間、日中でこの問題の解決に尽力してきたが、今日の和解を見ることなく亡くなった多数の人たちがいます。たとえば、私にとっては新美隆弁護士とか、あるいは議員だった田英夫さんとか、土井たか子さんとか、あるいは長崎の本島等市長。そういう諸々の人たちがいるわけです。そういった人たちに対して思いを馳せながら黙とうしましょうと、当日の朝に提案したのです。とても無理かと思ったら、会社側が同意してくれたのです。

●企業の損得勘定と歴史への責任との関係

池田　それは大事なことですね。私はちょっと心が汚いから言うのですが、三菱マテリアルは中国におけるビジネスの展開のことを視野に入れていたのではないですか。道義的な責任を早く果たそうと思った裏には。

内田　それは当然ありますよ。ドイツのベンツやフォルクスワーゲンといった企業が和解したのも、半分は歴史問題の清算ですが、残り半分は営業の利益の観点です。これは企業の哲学として当然です。それは良いことだと思います。

池田　そのように損得勘定《かんじょう》も入れて動きはじめたとしても、歴史の責任を果たすという道義的な観点で動きはじめると――。

内田　損得という企業の哲学は、歴史問題の解決なくしては実現できないんです。

池田　動いているあいだに人間は変わる。

内田　変わるのはやはり、被害の実態に目を向けた時です。理念的に何かを考えるのではなくて、被害者の声に耳を傾けた時には、「これは何とかしなくてはいかんだろう」となる。もし法律の壁、条約の壁があるなら、じゃあ法律をつくればいいじゃないか、条約を結びなおせばいいじゃないかとなるでしょう。条約は十分なものだったのか、どういう背景で結ばれたのかという問題を考えることにもなっていく。これは、今回の韓国の徴用工問題に絡んでくるのですけれど。

4、三つの和解が現代に問いかけるもの

●過去に決めた立場も修正するのは可能だ

池田　この中国との三件の和解が、韓国の徴用工問題をはじめ、現在の日韓関係、日中関係に何か参考になることがあるとしたら、どういうことでしょうか。

内田　一つは、日本政府は「徴用工問題は六五年の請求権協定で解決済み」と言うのですが、

それを言い出せば、中国の場合も七二年の日中共同声明で解決済みだったのです。しかし、三菱マテリアルの和解に政府が反対しなかったのは、解決済みという過去の立場を修正したということであり、それが韓国の場合にも参考になる。

実際、日本が慰安婦問題でいろいろ韓国との間で合意してきたのも、「請求権協定で解決済み」という立場からすれば、事実上の修正なのです。六五年以降、植民地支配を謝罪した九五年の村山談話があり、九八年の金大中大統領と小渕首相の日韓共同宣言が生まれ、二〇〇二年には日朝平壌宣言がある。九八年の日韓共同宣言では「小渕総理大臣は、今世紀の日韓両国関係を回顧し、我が国が過去の一時期、韓国国民に対し植民地支配により多大の損害と苦痛を与えたという歴史的事実を謙虚に受けとめ、これに対し、痛切な反省と心からのお詫びを述べた。金大中大統領は、かかる小渕総理大臣の歴史認識の表明を真摯に受けとめ、これを評価すると同時に、両国が過去の不幸な歴史を乗り越えて、和解と善隣友好協力に基づいた未来志向的な関係を発展させるためにお互いに努力することが時代の要請である旨、表明した」と述べています。その流れからすれば、植民地支配についての言及を欠いた六五年の日韓基本条約、請求権協定は過去の遺物であり、すでに修正されているのです。

池田　徴用工問題についての韓国の大法院の判決では〝植民地支配による損害がある〟という言葉があって、〝だから請求権があるんだ〟というふうな言い方がされていたと思うんですけれども、そういう方向で見直すということですか。

内田　そういうことです。

池田　それは韓国側の論理立てなんですけれども、法律家としていかがですか？

内田　現代的な人権感覚からすれば、「植民地支配については当然不法行為として賠償されるべきだ」という考え方が、国際法的にも出てきていると思います。

池田　それは大事なことですね。

●請求権の放棄と外交保護権の放棄の複雑な関係

内田　それと、韓国大法院判決が根拠として指摘しているのは、その植民地支配の問題と、もう一つは、外交保護権の放棄であって、個人の請求権は放棄していないというものです。これは日本政府の見解そのものです。外務省の条約局長が当時そう言っているわけですし、今回、国会の答弁でも河野外務大臣が認めたのです。

池田　外交保護権というのは？

内田　僕に言わせれば、日本政府が責任を免れるために言い出したものだと思います。サンフランシスコ講和条約で、日本国と日本国民も日本と戦った連合国と連合国民も、お互いに請求権を放棄しました。その結果、カナダに在外資産を持っていた日本人が、自分の資産を日本政府に放棄させられてしまったということで、国に対して賠償請求をしたのです。憲法第二九条3項で、「私有財産は、正当な補償の下に、これを公共のために用ひることができる」とされていて、国が個人の財産を公共目的のために使った場合は補償しなくてはなりません。その時に国は、〝戦争の被害は重大である。これは国民等しく負わなくてはいけないのだ〟と、共同受忍《じゅにん》論を述べたのです。それで裁判所も請求を棄却した。

池田　「みんな酷い目に遭っているのだから、あなただけに埋め合わせしてあげるわけにいかないんだよ」ということですね。

内田　この裁判のあとに、今度は原爆の被害者が日本政府を訴えたのです。〝アメリカの原爆投下は国際法違反だ〟、〝日本国民はアメリカに対して損害賠償請求権を有する〟、〝しかしサンフランシスコ講和条約で請求権を放棄をしてしまっている〟、それならばということで日本政府を訴えたのです。

池田　「国は勝手にアメリカに対する権利を放棄した」と。「でも私たちは国際法違反の酷い目に遭っている。じゃあ放棄した日本国が補償しなさい」という論理立てですよね。

内田　そうです。これはもっともな主張です。

さすがに裁判所も、被爆者のこの主張に対して、カナダのケースのように「共同受忍論」は言えなかった。それで国は何と言ったかというと、〝国が放棄したのは外交保護権の放棄であって、個人の請求権までは放棄していない〟ということでした。

池田　じゃあ、外交保護権というのは何なんですか。国が後ろ盾になってくれて、外国に対して権利を主張していくのが外交保護権で、それを放棄した？

内田　外国の裁判所でね。だから、「日本の原爆の被害者はアメリカに行って裁判することはできるんです、しかし日本政府は外交保護権を放棄しているのだから、助けることはできません」ということになる。

池田　「どうぞアメリカに行って、あなたが個人でやれば」ということ？

内田　そういうことですね。でも僕は、「個人の請求権の放棄」と「外交保護権の放棄」というのは、これは本当にそういう論理があるのかどうか、ちょっと疑問に思っているんですよ。

池田　分かりにくいです。ストンと腑に落ちません。

内田　私も同じです。日本政府が責任を免れるために言い出した論理だから、そうなるのではないかと思います。

池田　ああ、良かった。私の頭が悪いからわからないのかと思っていた。

●民間交流が後押しした中国との国交正常化

内田　中国との和解が現在につながるものがあるとすれば、今まで述べてきたように、たとえ条約や法律の壁があっても乗り越えてきたことが一つです。もう一つは民間交流の大切さがあります。

一九七二年の日中共同声明の時に、田中角栄首相が周恩来総理に会って最初に言ったことが、〝わたしは長い民間交流のレールの上に乗って、今日ようやくここに来ることができました〟というものでした。すごく良い言葉だと思うのです。

日中間の国交がない時代でも、廖承志《りょうしょうし》と高碕達之助の名前をとったLT貿易とか、花岡をはじめとする遺骨送還運動とか、そういう長い民間交流があった。西松和解に基づく追悼式、特に二〇一二年の時を思い起こしますが、日中関係がもう最悪で、広島に毎年中国からお招きして追悼式をやっていたのだけれど、あの時はどうなるか見えなかった。「日本に行くな」「日本に行くと怖いことになるぞ」と言われて、来るのをやめた人もいたのです。しかしそれでも来てくれた人がいた。来た人たちは「来て良かった」と言って帰ってくれた。
今の日韓の関係を見ると、まさにこの大切さを思うわけです。

池田　そうですねえ。

内田　国同士がどうであれ、政権同士がどうであれ、民間がそういう交流をする。そしてお互いに行き来をする。そういうことが大事だと思う。そういう姿勢でもってこの問題に対処しないと解決しない。

池田　市民一人が限られた中で何かやることは本当に小さなことのようですけれども、そういうものがたくさん集まって、そして長く続いていくということ。それがとっても大切なことなんだということですね。

●和解は終着駅ではなく出発点

池田　それから、毎年のように花岡に行って感じるのは、和解は問題解決の終着点ではないのだということです。

内田　おっしゃるとおりです。和解は出発点なのです。

池田　出発点ですね。そこから始まっていくことがある。それがほかの和解につながったり、ほかの裁判の良い解決への後押しをしていく。そういう民間の心の通い合いが大事で、それを行動で表し続けることが、きっと日韓関係にもプラスに働く大きな力になり得るのだと。それを信じていいわけですね。

内田　そうですね。西松建設の広島の和解のあと、追悼式を毎年やってきて、ある遺族は〝この受難之碑がいつか友好之碑になってほしい〟と述べています。あるいは、別の遺族は〝自分たちの父親がつくったこの発電所を末永く使ってほしい〟と、案内してくれた中国電力の社員にぽつんと言うのです。そうすると中国電力の社員が即座に、〝はい。大事に使わせていただきます〟と言った。そしてその事を、ぽつんと私に話してくれたのです。

さらに追悼式の翌日には、広島の原爆資料館を必ず回ってもらうようにしています。

池田　西松建設の被害者の中には広島で原爆死されている方がいるから。

内田　西松建設の現場でトラブルがあって、広島の警察に逮捕されて連れて行かれたんです。その取り調べ中に原爆が落ちて、それで五人が亡くなっている。

池田　翌日には資料館に行くというお話はとっても興味深いです。

内田　原爆資料館を見た遺族は「感想が三つある」と言うのです。それは、「惨《むご》い、惨い、惨い」というものでした。その遺族の親たち、あるいは祖父たちは、一九四五年の八月六日に広島、九日に長崎で原爆が落ちた時、万歳をしたのです。これで大日本帝国は敗北するのだと。

池田　アジアの人々が万歳したのですね。

内田　日本は滅んでアジアは解放された、と。しかし、万歳を叫んだ人の子どもや孫が原爆資料館を訪れると、「惨い、惨い、惨い」という感想を持って帰ってくれる。こういう関係が非常に大事だと思うんです。

池田　和解というのは、そこに携わるすべての人々の心を深く耕し、人生を豊かにし、未来に対する明るい展望を開いてくれる。そのことがよく分かりますね。

●和解で人の心が解放され、人が変わっていく

内田　広島の安野の追悼式は、現在は安芸太田町の町長も参加しているのだけれど、最初は渋っていたんです。記念碑をつくることについても、集落の人たちは最初「こんなものを

建てられても」という気持ちがあったのです。

池田　それはそうですよ、ここで昔、外国人に酷いことをしたんだという記念碑なんて、地元の人は歓迎しないと思います。

内田　そこを、やはり集落の同意が必要だということで説得をして、それで建てたんですけれど、その後は毎年その部落の有力者も来てくれるし、町長も来てくれる。そして町長は、〝これは毎年続けてほしい〟と、今はそうおっしゃっているんです。

池田　すべての人が変わっていくんですね。

花岡の平和記念館のことを思い出したんですけれども、花岡地区の人々は最初嫌がって、何とか建設をやめさせようとすらした。けれども記念館が出来ると、その地域の人々が記念館に来て「あの時ああいうことがあった、こういうことがあった」と話して、そしてほっとした表情になってお帰りになるというのです。花岡地区の人々も、事件は自分にまったく責任なんかないのに、ずっと心のどこかで重石になってきた。そして、記念館ができたことによって彼らも救われていく。そして前を向くようになっていく。記念館ができるまで、あるいは、広く言って和解が成立するまでは思いもよらなかったような、人々の心の解放がある。

内田　そうですね。ただ、記念館の展示に花岡で最初にこの問題を掘り起こした野添健治さん、それから最初に鹿島交渉を始めた石飛仁さん、に関する記述がないことが気になります。

地元と彼らとでいろいろあったようですが、彼らが「井戸を掘った」一人であることは間違いありません。今後、改善されると思います。

それから一つ言い忘れたことがあります。花岡和解の裁判長だった新村正人さんは、追悼式に参加してくれているんです。池田さん、お会いしましたよね？

池田　はい。あの、裁判長だった方ですね。

内田　そうです。それから、西松和解のきっかけとなった広島高裁で勝訴判決を書いた裁判長の鈴木敏之さんも、広島の追悼式に参加してくれていますよ。そこで中国の受難者遺族たちと交流しながら、自分たちのやったことがこういう形で実を結んでいるということを実感しておられる。これも大事なことです。和解による解決であったからこそ、元裁判官が追悼式に参加し、受難者遺族との交流が可能となるのです。判決ではこうはいきません。判決でダメだったから和解でということではなく、歴史問題の解決は和解こそがふさわしい。判決、その執行では恨みが残り、真の解決となりません。

新村さんは二〇一五年、戦後七〇年の節目に、NHK秋田放送に記者の「熱心な」求めにより手紀を寄せ、前記追悼式に参加した時の感想を述べておられます。この手記はその一部が、同年六月三〇日朝のNHK秋田の放送でも紹介されました。

「第二次大戦下日本の誤った国策の犠牲になった中国人労働者の霊を慰めるため、一地方公共団体が公の立場で市民の方々と一体となって慰霊の式典を毎年挙行していることに強く感銘を受けました。

中国からの参加者に対し礼を尽くしたこのような行事が、事件の地元の大館市によって率先して行われていることにより、日中両国からの参加者による交流が実質的に図られ、意義のあるものとして参加者の記憶に刻まれていくものであるとの念を強くしました。

涙と笑いの中にこもごも酒盃を挙げ、手を握り抱き合って歓談し、肩を組んで歌うなどの交流の場がたくまずして実現しているその状況を目の当たりにし、自分もその中に身を置き、突き動かされるような感動を覚えました」

池田　今日のお話を聞いて、裁判所も何とかしようと苦悩するんだと、それが印象的でした。付言というバイパスは良くない面もあるとおっしゃいましたけれども、そういうもので四苦八苦しているんだ、ということを知りました。こういうさまざまな立場の人々が、さまざまな努力をして七〇年近くきているわけですけれども、私たちはこれをもっと知って、これからの国際関係、あるべき外交に生かしていきたい。そしてそこには私たち市民ができることが結構大きいのだ、ということを教えていただきました。今日はどうもありがとうございました。

内田　こちらこそ、ありがとうございました。

あとがき
——社会の発見　わたしの花岡

池田香代子

経済学者の宇沢弘文さんが、こんなことを書いています。

「社会という概念はすでに、それを構成する主体の持つ倫理的要件にかんして共通の理解を持ち、社会的価値基準の形成について、個別的な主観的価値基準をどのように集計するかについて、すでにあるルールの存在を想定している」（宇沢弘文『経済解析〈展開篇〉』岩波書店、二〇〇三年）

経済の話だし、ちょっと難しいのですが、噛みくだいてより広く応用できる言い方にすると、ようするに、おのおのがどんな善悪のものさしを持っているか、だいたいわかり合っていて、なにがどうあるべきかをみんなの総意としてまとめる方法はきっと自分たちの中に見つかるはずだと自負している人間の集団、それが社会だ、というほどの意味になるでしょうか。

分断の時代といわれる昨今、そんな生き生きとした社会などあるものだろうか、と訝しく思う方もおられるでしょう。けれど、縁あって大館・花岡に通うようになり、またこのたび本書をつくるために花岡事件に向き合ってきた地元の人がた（大館では「人びと」と言うところを「人がた」と言うので、この稿では大館への敬愛を込めて「人がた」を用います）の声に耳を傾けるうちに、宇沢さんの言葉がふと脳裏によみがえり、ここにあるのが宇沢さんのいう社会なのかもしれないと思ったのです。

花岡事件。今まさに本書を読み終えようとされている方は、その悲惨さにいたたまれない思いでおられることでしょう。ですがここで今一度、戦争末期の中国人強制連行、強制労働事例の中で、花岡事件がその顚末を含めていかに特異だったかを、まとめておきます。

・二事業所（鹿島組と藤田組）で合計一二八四人が強制労働に従事させられ、四一九人が亡くなった。他の事例に比べ、死亡率が著しく高い。
・一事業所（鹿島組）のすべての中国人労働者が集団脱走した例は他にない。
・戦後、BC級戦争犯罪を対象とする横浜裁判で、強制労働事件としては大阪築港事件とともに審判が下された二例の一つ。
・被害者と企業（鹿島建設）の間で初めて和解が成立した。

・地元で七〇年以上にわたって続いている慰霊は、行政の長（花岡町長）が関わって開始され、全国で唯一、歴代の地方自治体（花矢町、大館市）が主宰して今に至る。

本書は、この最後の項目、なぜ自治体は中国人慰霊式を主宰し続けるのか、という問いの答えを求めて出発しました。

ところが、この問いを地元の人がたに向けると、「さあ……」と一瞬の間が生じます。このよそ者は藪から棒になにを当たり前のことを訊くのだ、という当惑でしょうか。

「花矢町がやってて、大館市と合併したから、大館市が引き継いだんだろ」

では、なぜ花矢町は主宰していたのですか、とたたみかけます。

「花岡町がやってて、矢立村と合併して花矢町になったからだ」

なるほど、花岡町は事件の現場となった町ですから、自治体主催の慰霊式が花岡町に始まるのは理の当然でしょう。相次ぐ合併のたびに、慰霊式は申し送り事項として続けられてきた、といういきさつはわかりました。

けれど、いちばん知りたいのはいきさつではありません。全国的にも稀な自治体主催の慰霊式が、なぜこの地ではかくも長いこと続けられてきたのか、その動機というか、思想です。市は、市民は、花岡事件をどのようなものと捉えているのか。市主催の慰霊式をどう見ているのか。それが知りたい。

合併を機にやめてしまう、という選択肢もあったはずです。二度もそのような危機《クライシス》を乗り越えて自治体主催の慰霊式を存続させてきた、この地域の人がたの内実に迫りたい、と思いました。併せて、花岡町での慰霊式のそもそもの始まりはどうであったかも知りたいと思いました。

その探求の一部始終は本文にある通りです。聞き取りからは、たいへんな熱量で人生のなにがしかを花岡事件に捧げてきた人がたがおられる一方で、関心の薄い人がたもいて、事件へのまなざしには温度差があるということ、複雑な思いを秘めている人がたも、また積極的忘却というか、いまさらこと荒立てるのを好まない人がたもおられる、ということが窺われました。

この足並みの揃わなさを前提として、自治体は公的な行事として慰霊式をどのように執り行いうるのか、宇沢弘文さんの言葉を借りれば「個別的な主観的価値基準をどのように集計するか」、その鍵を握るのは、やはりリーダーとしての政治家の思想や人間性だったのではないか。大館・花岡の慰霊式をめぐるクエストをひとまず終えるにあたり、そう思われてなりません。

これは、政治家の判断がすべてだ、ということではありません。その逆です。最初に信正寺の住職と語らって法要を営んだ山本常松・花岡町長は、朝鮮半島からやってきて花岡の人となっていた金一秀さんから、当時まだ野ざらしになっていた遺骨を集めて弔うべきだ、と強く迫られて行動を起こしました。二四年間も大館市長を勤めた小畑元さんは、公園墓地の入り口近くに屹立する慰霊碑の前に花やお供物が絶えないことを重く受け止め、慰霊式を主宰し続ける意を強くしました。小畑さんは、慰霊式は「市民がやらせてくれた」という言い方をされています。

共同体が共有する思いに共振する感受性を持ち、それにどんな形を与えるべきか戦略的に思考し、それを実行するにあたって断乎意思を発動する、そんな政治的リーダー像が浮かんできます。それはこと慰霊式に関しては、山本町長と小畑市長に限らず、現職の福原淳嗣市長に至る歴代のすべての首長に共通するリーダーシップのあり方だったのではないでしょうか。

この場合の共同体が共有しているもの、つまり考え方の違いを注意深く選り分けながら、最小限、誰の心にもあるといえるものに突き当たるまで掘り下げたところに発見されるもの、それは、あってはならない痛ましいことがかつてこの地で起きた、という哀切と痛恨でしょう。異国の地で非業の死を遂げた人がたを悼む、ごく自然な感情でしょう。事件を解明し、その責任を問うことは、きわめて重要です。しかし、それとはまた別のところにある、人間としてのストレートな哀惜の情こそが、この共同体が共有しているものでしょう。

それが、行動的な人がたに裁判を支援させ花岡平和記念会をつくらせ、祖霊を大切にする人がたに慰霊碑の前にお裾分けを供えさせるのでしょう。七〇年以上も前の事件の地と今なお名指されることを快く思わない人がたも、それが痛ましい出来事だったことを否定はしないでしょう。そうした「個別的な主観的価値基準」が、共同体の思いに敏感な政治家のもと「集計」され、自治体主催の慰霊式という形を取っている、それが大館市主催の中国人殉難者慰霊式なのだと思います。

大館市では、保守系の市長も革新系の市長も、坦々と慰霊式を継承してきました。このことは、歴史の犠牲者を悼む気持ちが共同体に共有されていると認識することに政治的立場は無関係だと、静かにそして雄弁に物語っていると思います。

花岡事件は悲劇です。犠牲になられた人がたはもちろん、地元の人がたにとっても悲劇です。共同体は悲劇を共有することで倫理性を高め、未来を定める、と言います。大館市は花岡事件という悲劇を共有し、その慰霊式を毎年行うことで悲劇の記憶を更新しています。行政全体からすれば、慰霊式は数ある例年行事の一つでしょう。けれど、これがこの地方自治体の未来にどのように作用するか、注視したいと思います。

近年、慰霊式に参列するのは家族や遺族の人がたで、幸存者（中国語で生存者、サバイバーのこと）が来日することもなくなりました。みなさんかなりのご高齢で、来日を予定していた方が直前になって体調を崩し、キャンセルなさったこともありました。北京から遠いところにお住まいだと、空港にたどり着くにも数日かかることもあり、体力が旅行に耐えないと判断して来日を断念するケースが多々あると聞きます。

けれど、数年前までは三人四人とお元気な姿を見せてくださいました。もっと前は、青森空港までお迎えに行くミニバスが満員になるほどおおぜいお見えになりました。

これは、地元で長年、花岡事件に携わってきた元・市職員の岩間敏明さん（七一歳）から伺った話です。

バスが大館に近づくと、かつて苦しかった日々に遠望していた山容が見えてきます。すると、一気に昔の悲しみや憤りがよみがえり、ご高齢の幸存者のみなさんは号泣し、バスの床に転げんばかりに身悶えし、気を失う方もおられるのだそうです。

けれど、市民主催の歓迎レセプションでさまざまな人がたと親しく接し、厳粛な慰霊式に参列し、フォーラムで涙ながらに当時の体験を証言し、それに真剣に耳を傾けた市民のみなさんとともに事件現場をめぐるうちに、幸存者のみなさんの心がほどけていきます。これは伝聞ではなく、わたし自身、毎回感動とともに経験してきたことです。

そして、耿諄大隊長はあるとき「花岡はわたしの第二のふるさと、また来たい」とおっしゃったそうです。

意表をつく、衝撃的な言葉です。けれど、少し考えればそれほど突飛な言葉ではありません。一生心を病んでもおかしくないほどの理不尽で残酷な仕打ちを受けた人が、あふれるばかりの共感に包まれながらその過去の体験をなぞることで、あれは言語道断の虐待だった、自分が受けた辱めは徹頭徹尾不当なものだったと確認し、尊厳が回復される実感を得るというのは、一般的な事実だからです。

しかし、さらに一般論を続ければ、それで心の傷が完全に癒えることは、残念ながらありません。そういう経験のたびごとに、いっとき薄日が射すように喜ばしい感情の復活を味わうのです。だから「また来たい」なのであり、それが、人間として許しがたい屈辱など受けたことのない無傷の過去へと生まれ変わるほどの圧倒的な経験だからこそ、「花岡は第二のふるさと」なのです。

戦争中の間違った国策の犠牲者が尊厳を取り戻すお手伝いを、一地方自治体の行政と市民が役割を分担しながら長年こつこつと続けている。これほど尊いことがあるでしょうか。たしかに花岡事件では、全国に先駆けて当事者と企業の和解が成立しました。けれど和解は、見舞金の分配は、けっして事件解決の終着点ではない、むしろ幸存者や遺族の心の治癒の、生涯にわたって続く長い道のりの一通過点でしかないということを、わたしは大館の慰霊式に参列するたびに痛感してきました。

花岡は、その待遇の惨さ、死亡率の高さから、日本のアウシュビッツと呼ばれることがあります。その比喩は当たっているでしょう。けれど、違いもあります。アウシュビッツを第二のふるさとと呼ぶ元被収容者を、わたしは寡聞にして知らないのです。

アウシュビッツやビルケナウの収容所は、侵略者ナチスドイツが設営したものであり、地元のオシフィエンチムの町やブジェジンカの村（どちらもポーランドの本来の地名）の人がたからすると、心理的な距離があるのかもしれません。また、広大な敷地全体が国立博物館となり、世界遺産に指定されて、国家規模の追悼の催しが開かれ、各国の要人を含む世界からの見学者が年間二〇〇万人を超すとあっては、地元が主体となって、遠方からここを再訪する生存者に関わっていく機運が微弱であることも、理解に難くありません。

対照的に、花岡では鉱山の過酷な労働を知る在日朝鮮人の人がたや、鉱山関係者（山本常松・花岡町長は、花岡鉱山や藤田組に事務員として勤務していました）といった地元の個人が、ひとごととしてではなく我がこととして受難の中国人の人がたのために行動を起こしたことが、現在の慰霊の形となり、当事者から「第二のふるさと」とまで言われるようになっています。それこそが、戦争被害者への真の償いであり、わたしは戦後、花岡事件に真摯に向き合ってきた人がたに深く首《こうべ》をたれつつ、花岡はわたしたちすべてにとっての宝物だ、と言いたいと思います。

さまざまな形で花岡事件に関わったおびただしい人がたのすべてを、つぶさに知るわけではありません。けれど、毎年お会いするあの顔この顔が思い浮かびます。また、遺骨の発掘や返還に力を尽くした在日朝鮮人団体や華僑団体、運動の一環としてこれに大

き く寄与した労働組合、法要や遺骨安置を引き受けてくださった仏教界と、たくさんの団体と個人の思いが結集して今に至っていることは、ここに記しておきたいと思います。

本文に登場する人がたのほか、過去に遡って花岡事件に意を尽くした人がたを記録するとすれば、まず一人の医師と二人の秋田の文学者のお名前を挙げたいと思います。

医師の高橋實さん（一九一二〜一九八九）は福島の出身ですが、終戦時に秋田県立女子医専に勤務していたことから、中国人生存者の治療にあたり、また花岡事件について雑誌に寄稿して、一九四六年というもっとも早い時期に事件を記録する役割を果たされました。

松田解子《ときこ》さん（一九〇五〜二〇〇四）は優れたプロレタリア文学の小説家で、一九五三年という早い時期に、綿密な取材に基づいて、花岡事件をめぐる長編小説『地底の人々』を書かれました。

ノンフィクション作家の野添憲治さん（一九三五〜二〇一八）は、秋田の暮らしを題材とし、聞き書きを元にした物語作品を多数遺されましたが、なかでも花岡事件関連の著作群は、この事件を広く社会に知らしめたという点で重要です。

以上は物故された人がたですが、大館・花岡は、昔も今も全国からさまざまな働き人を引きつけてやみません。本書は地元の大館・花岡の人がたに焦点を絞ったため、本文ではご紹介できませんでしたが、花岡ゆかりの人がたの一部をご紹介します。長年にわたって花岡に足繁く通い、何度も中国に渡った人がたです。なかには、資料収集のためにアメリカにまで足を伸ばした人がたもおられます。

ノンフィクション作家の石飛仁《いしとびじん》さん（一九四一～）は、たびたび中国に渡って花岡事件の調査や生存者の発見・来日支援に尽力し、企業との交渉や裁判を支援するなど、花岡事件を語る上で欠かせない方です。

神戸在住の林伯耀《りんはくよう》さん（一九三九～）は、華僑として同胞の近現代の日本における足跡を記録する一方、日中両国で強制連行・強制労働事件解決のために奔走し、花岡事件については鹿島建設との交渉の際、被害者の代理人をつとめられました。

東京にお住まいの川見一仁さん（一九五一～）は、故福田昭典さんとともに長年にわたって中国人強制連行問題に関わり、「強制連行を考える会」の事務局長を務め、花岡では市民として裁判を支えてこられました。

猪八戒《ちょはっかい》さんは、中国にルーツを持つ大阪在住の強制連行研究者で、花岡事件については現地調査、文献収集、裁判支援などをなさってきました。

田中宏さん（一九三七〜）は、一橋大学や龍谷大学で経済学を講じるかたわら、参政権などの外国人の権利や強制連行に研究と運動の両面から関わってこられました。花岡では、花岡平和記念会の副理事長をつとめておられます。

最後に、シンガーソングライターの李政美《いぢょんみ》さんを挙げたいと思います。毎年、慰霊式では、東京葛飾生まれの在日二世、李政美さんの歌とチャング（太鼓）の音が響きます。丈高い木立の間を空へと昇っていく朝鮮の伝統的な弔歌は、この地で斃れた中国の人がたの、野辺に放置されていた骨を最初に拾ったのは朝鮮の人がただった、という歴史を思い出させます。

大館・花岡の官民の営みは地元の人がたの心の重石も取り除いているとは、本文でも述べました。当時子どもだった人がたにとって、情報は戦時色に染まったおとなの片言隻句しかありませんでした。冬も汚れ切った薄いボロをまとい、痩せ細り異臭を放つ中国の人がたは、子どもの目には異形としか映じなかったことでしょう。地元の人がたは、当時はそんな中国の人がたの苦しみに思いが至らなかったことに、おとなになって地域の慰霊の営みに直接間接に接することを通じて改めて心を痛め、同時にそれによって感情を回復しておられるのだと思います。

ここにもう一者、回復すべき主体がいます。花岡事件のもう一方の当事者、現在の鹿島建設です。確かに戦争中の出来事は、鹿島にとってはできれば目を背けたい負の歴史でしょう。けれど、鹿島は強制連行の中国人を酷使した企業があまたある中で、先鞭を切って被害者との和解を成し遂げたのです。そこに至るには、社内での苦悩、政財官界との軋轢など、外からは窺い知れないさまざまな困難があったことでしょう。それらを乗り越えて、初の和解に踏み切った鹿島の決断はもっと評価されるべきだと、わたしは思います。

内田雅敏さんのお話にあるように、和解後、企業のサイトに和解に水を差すような文言が掲示されたことは、当時、社外から寄せられた論難やそれに対する内部の動揺がいかほど大きかったかを物語る事実です。けれど、中国の当事者や日本の支援者にとっては、痛恨の出来事でした。

しかし、あれから早くも二〇年以上がたちました。組織内では、人の入れ替わりもあったことでしょう。今現在、鹿島の現役の人がたは、先の世代がなしえた和解をどのようにご覧になっているのでしょうか。内田弁護士が強調されるように、鹿島が勇気をもって初めて和解に応じたからこそ、西松、三菱マテリアルと、他企業もあとに続くことができたのです。これからもおそらく幾多の企業が、鹿島が拓いた道を辿ることができるのです。このことの、この国全体にとっての歴史的な意義に、鹿島はもっと胸を張っていいのではないでしょうか。

和解後の二〇〇二年、慰霊式に鹿島建設の代表者が参列なさいました。鹿島が和解を真摯に受け止め、ともに歓迎していることを行動で表されたのだと思います。ところが一部の市民の反発に遭い、以後、鹿島の方の姿を慰霊の場に見ることはありません。この不幸な出来事を、わたしは心から残念に思います。

鹿島は毎年、慰霊の日が近づくと、信正寺裏手の慰霊塔に向かう道の草刈りをし、ここに参る人がたのために、ひそかに貢献してくださっていると聞きました。そこからもう一歩踏み出すことは不可能でしょうか。つまり、戦争中の出来事にも和解をめぐる出来事にも冷静な距離を置くことのできる現役の鹿島の人がたが慰霊の場に連なることで生まれる何かがある、とわたしは思うのです。ポスト和解世代の鹿島の人がたが、死者のまなざしを受け止めるこの連帯に参入するとき、大館・花岡の側が、そして中国の人がたがようこそと招き入れるとき、中国の、大館・花岡の、そしてなにより鹿島の、すべての人の心に喜ばしい何かが生まれると、わたしは信じます。

加害の地から平和を発信する大館・花岡は日本の宝です。花岡のメッセージが一人でも多くの人がたに届くことを願っています。

1950年	7月1日	山本常松花岡町長が施主となり供養塔前で慰霊
1953年	2月17日	中国人俘虜殉難者慰霊実行委員会が結成され、 中国人遺骨の送還を訴え
〃	7月2日	中国人遺骨550柱を赤十字船で送還 (64年11月まで9次にわたる)
1955年	3月1日	花岡町と矢立村が合併し、花矢町が誕生。
1957年	12月11日	中国紅十字代表団が花岡を訪問し、 共楽館で歓迎集会を開催
1960年	4月10日	鉱滓ダム建設作業中、白骨2体を発見。信正寺供養塔に安置
1963年	6月5日 ～13日	中国人俘虜殉難者慰霊実行委が一鍬運動を呼びかけ、 13箱の遺骨を収集
〃	11月24日	花矢町・鹿島建設・同和鉱業が 「中国殉難烈士慰霊之碑」を建立し除幕式
1966年	5月22日	「日中不再戦友好碑」が建立され除幕式
1967年	12月21日	花矢町が大館市と合併。
1979年	1月10日	共楽館跡地に大館市立花岡体育館竣工
1985年	6月29、30日	大館市が「平和祈念祭・日中友好親善の集い」を開催
1986年	6月30日	大館市が「中国殉難烈士慰霊之碑」前で慰霊式を開催 (以降、毎年同日同場所開催)
1989年	5月	第1次大館市民訪中団が中国へ(以降、2010年の第7次まで)
1990年	7月5日	蜂起の大隊長・耿諄さんらが鹿島建設と交渉の結果、 合意事項を共同発表
1995年	6月28日	生存者と家族が鹿島との交渉を打ち切り(3月)、 東京地裁に提訴
1997年	12月10日	東京地裁が原告の請求権棄却の判決 (12日に原告が東京高裁に控訴)
2000年	11月29日	東京高裁の勧告をふまえ生存者・家族と鹿島との間で 和解が成立
2001年	6月30日	大型慰霊訪日団(生存者14名、遺族24名等)が慰霊式に出席
2010年	4月17日	花岡平和記念館が開館

花岡事件関係略年表

1931年	9月18日	柳条湖事件(いわゆる満州事変の開始)
1937年	7月7日	盧溝橋事件(中国との全面戦争の開始)
1941年	12月8日	太平洋戦争開戦
1942年	11月27日	東条内閣が「華人労務者内地移入ニ関スル件」を閣議決定
1944年	2月28日	東条内閣が「華人労務者内地移入ノ促進ニ関スル件」を次官会議決定
〃	5月29日	七ツ館坑が陥没(日本人11人、朝鮮人11人が生き埋め)
〃	6月10日	花岡鉱山(同和鉱業)に中国人298名到着
〃	7月12日	内務省、厚生省、警察部が花岡鉱業所と鹿島組に対し「華人取扱ニ対スル指示事項」を発する
〃	8月8日	鹿島組花岡に中国人294名到着(第1次)
1945年	5月5日	鹿島組花岡に中国人587名到着(第2次)
〃	6月4日	鹿島組花岡に中国人98名到着(第3次)
〃	6月30日 22時30分	中国人集団脱走(花岡事件の発生)
〃	7月12日	13人の中国人を戦時騒擾殺人罪容疑で秋田刑務所に収容
〃	8月15日	日本の敗戦
〃	9月24日	進駐してきた米軍が中山寮を発見
〃	10月15日～	米軍が鹿島組関係者を戦犯容疑で逮捕
〃	11月下旬	鉢巻山に埋められた中国人遺体を発掘・火葬し、信正寺に安置
〃	11月24日	中国人生者中531名が帰国のため花岡を出発(翌1946年10月9日に第2次)
1948年	3月1日	米軍によるBC旧戦犯裁判(横浜法廷)で鹿島組現場責任者らに有罪判決
1949年	夏・秋	花岡在住の在日朝鮮人を中心に中山寮付近で中国人遺骨調査
1949年	11月1日	鹿島建設が信正寺裏に「華人死没者追善供養塔」を建立

〈フィールドワーク〉

花岡事件の記憶をたどる

＊フィールドワークをご希望の方は、花岡平和記念館にご相談ください（TEL 0186-46-2630。または事務局である大館労働福祉会館へTEL 0186-42-6530）。
＊バスでの行き方は、それぞれの解説ページにあります（問い合わせは秋北バス大館営業所、TEL 0186-43-3010）。
＊大館・花矢交通（TEL 0186-42-3411）ではタクシーで現場を案内してくれます。約２時間半で２万円程度になります。

総合地図

①中国殉難烈士慰霊之碑
（十瀬野公園墓地）
②花岡平和記念館
③華人死没者追善供養塔
④七ツ館弔魂碑
（信正寺、③も）
⑤花岡川（水路変更工事前 ・・・ 工事後の現在 ━）
⑥共楽館跡
（花岡体育館）
⑦中山寮跡
（第二滝ノ沢ダム）
⑧日中不再戦友好碑
⑨滝ノ沢暗渠跡
十瀬野墓地
花岡町
長森住宅
二井山
十三森
大森住宅
観音堂
桜町
前田
滝ノ沢沈澱池

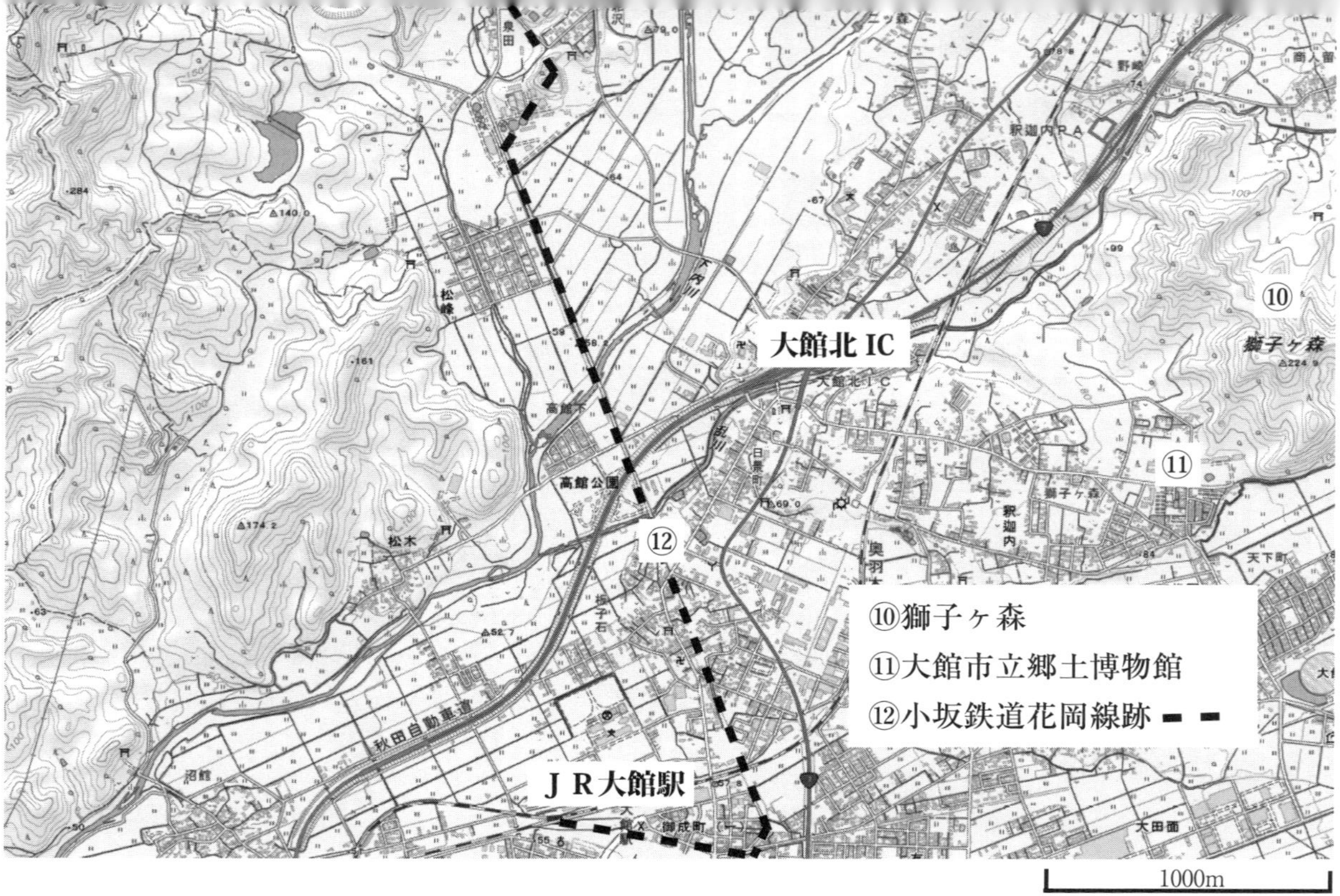
大館北 IC
⑩
獅子ヶ森
⑪
⑫
JR大館駅
⑩獅子ヶ森
⑪大館市立郷土博物館
⑫小坂鉄道花岡線跡
1000m
高館公園
秋田自動車道
松峰
松木
釈迦内

①中国殉難烈士慰霊ノ碑

ⓒ NPO 花岡平和記念会

　大館市営の十瀬野公園墓地の入り口に建つ。

　碑の裏には、花岡に強制連行されて死亡した中国人の氏名が刻まれている。鹿島関係者 419 名、同和鉱業関係者 10 名、計 429 名である。また、建立の経緯が次のように記されている。

「昭和 19 年 7 月から同 21 年 3 月までの間に当町において死亡した左の中国人の霊を供養するために

　　昭和 38 年 11 月 24 日建立

　　　花矢町長　山本常松

　　　鹿島建設株式会社

　　　同和鉱業株式会社秋田鉱業所花岡鉱山部」

　大館市は、毎年 6 月 30 日、この碑の前で慰霊式を行っている。慰霊式に参加する殉難者の遺族は、刻まれた肉親の名前を確認し、弔いの気持ちをあらわす。

（JR 大館駅前より北陽中学前行バス（繋沢《つなぎさわ》経由）で約 30 分、墓地公園前下車。440 円。岩本経由を利用の場合、花岡本郷で下車、徒歩 20 分）

②花岡平和記念館

ⓒ NPO 花岡平和記念会

2000 年 11 月 29 日に花岡事件の生存者・遺族と鹿島建設が和解し、鹿島側が責任を認めて謝罪するとともに、和解金を支払った。その際、事件を後世に語り継ぎ、平和の発進地とする「記念館の建設」が課題として残されたので、地元の人々と全国の支援者が NPO 花岡平和記念会を設立して寄付を募り、2010 年 4 月 17 日にオープンした。事件に関する各種の資料、写真などが展示されている。

4 月 1 日から 10 月 31 日まで、毎週の金、土、日、月の午前 10 時から午後 3 時まで開館。入場は無料。事前に相談すれば、フィールドワークも手伝ってくれる。電話は 0186-46-2630。または事務局である大館労働福祉会館 0186-42-6530。

（JR 大館駅前より北陽中学前行バス（繋沢《つなぎさわ》経由）で約 25 分、鳥潟会館前下車、徒歩 1 分。340 円）

（JR 大館駅前より北陽中学前行バス（岩本経由）で約 22 分、花岡本郷下車、徒歩 1 分。340 円）

③華人死亡者追善供養塔

信正寺の裏手にある。

死亡した中国人の遺体の多くは、当初、鉢巻山などに穴を掘って埋められていた。戦後、事件を知ったGHQの指示により発掘され、火葬されたあと、400余りの木箱に入れられて信正寺に安置された。住職は遺骨を供養するとともに、鹿島に要請して供養塔を建てさせ（49年11月）、納骨した。その後に発掘された遺骨も納骨された。50年代になって遺骨は中国に返還されることになる。

その後、半世紀が過ぎ、コンクリート製の供養塔は碑文も読めないほど劣化した。鹿島は和解の翌年、新たな供養塔を建立したが、事件を記す証として元の供養塔も背後に残されている。

（JR大館駅前より北陽中学前行バス（繋沢《つなぎさわ》経由）で約25分、鳥潟会館前下車、徒歩3分。340円）
（JR大館駅前より北陽中学前行バス（岩本経由）で約22分、花岡本郷下車、徒歩3分。340円）

④七ツ館弔魂碑

信正寺の境内にある。

同和鉱業が経営していた花岡鉱山の七ツ館鉱床は、旧花岡川の真下にあったが、1949年5月29日に坑内伏流水のために崩落し、水が坑道内にも浸入して朝鮮人11名、日本人11名が生き埋めになった。会社は、水を他の坑に流出させないことを最優先とし、22名が閉じこめられた状態で落盤口を密閉した。そのため、遺体は今も地底にある。

この事故をきっかけに花岡川の水路変更工事が計画され、工事を請け負った鹿島組が、強制連行した中国人を投入することになる。それが花岡事件の一つの要因になる。

弔魂碑は、もとは事故の現場に建立されていた。68年、事故の際に残されていた鉱石を掘り出す作業の支障となるため、信正寺に移転された。現在地から事故現場は南西方面に見通せる。

(JR大館駅前より北陽中学前行バス(繋沢《つなぎさわ》経由)で約25分、鳥潟会館前下車、徒歩3分。340円)
(JR大館駅前より北陽中学前行バス(岩本経由)で約22分、花岡本郷下、徒歩3分。340円)

⑤花岡川

現在の花岡川は、信正寺の東側を南下し、大森川に合流しているが、旧花岡川は、信正寺の北側約 100 メートルの地点から西に折れ曲がり、信正寺の西側を南下し、七ツ館を通って大森川に至っていた。鹿島組が請け負ったのは、この旧花岡川を現在の花岡川の場所に水路を変更する工事で、約 1 キロメートルに及ぶものであった。

現在の花岡川を見ても、工事の跡は分からない。しかし、川の近くから見渡せば理解できるように、町のど真ん中にあるので、中国人が昼夜を問わず働かされていた様子は、虐待される場面も含めて、人々が目撃するところとなった。地形が大きく変わった七ツ館周辺を除くと、かつて花岡川が流れていたと思わせる部分が残っている。川向こうの建物は花岡平和記念館。

（JR 大館駅前より北陽中学前行バス（繋沢《つなぎさわ》経由）で約 25 分、鳥潟会館前下車、徒歩 2 分。340 円）
（JR 大館駅前より北陽中学前行バス（岩本経由）で約 22 分、花岡本郷下車、徒歩 2 分。340 円）

⑥共楽館跡

花岡事件で蜂起した中国人は、翌日（7月1日）には捕らえられ、花岡鉱山の娯楽施設であった共楽館に連れて来られた。3日3晩、水も食物も与えられることなく、縛られて館の前の小石が敷かれた広場にひざまずかされた。館の中で拷問を受けた者もいる。首謀者とされた13名は、向かい側にある警察署で取り調べを受けた。7月中に100名余りが亡くなったと言われる。

この様子は町の中心地であることからかなり多くの住民も目撃していた。しかし、報道管制が敷かれ、郵便物の検閲も行われたという。終戦まで新聞にも報道されることはなかった。

共楽館は、老朽化に伴い1979年に解体され、現在は大館市立花岡体育館が建つ。敷地の一隅に「共楽館址」の碑が建っており、事件の概要を記した碑文を見ることができる。

（JR大館駅前より北陽中学前行バス（経由地問わず）で約20分、花岡桜町下車、徒歩1分。300円）

⑦中山寮跡

3次にわたって鹿島組の使役のために強制連行された986名の中国人のうち、連行途中で死亡した7名を除く979名が収容された施設。

劣悪な労働・生活環境、粗末な食事、過酷な拷問等によって、蜂起するまでに137名が亡くなった。敗戦までに116名、敗戦後も166名の合計419名が死亡している。遺体は、裏手の山の中腹に穴を掘って埋められた。埋め跡の形状が鉢巻きに見えたので後日「鉢巻山」と呼ばれるようになる。

戦後、GHQが中山寮に入り、病気で放置されていた生存者を発見した。埋められていた遺体はGHQの指令で発掘され、荼毘に付され、遺骨は信正寺に納骨されたあと、本国に送還された。中山寮は現在の第二滝ノ沢ダム（鉱滓ダム）の底に沈み、一面は広漠たる平地で、当時を伺い知ることはできない。

（JR大館駅前より北陽中学前行バス（経由地問わず）で約20分、花岡桜町下車、徒歩30分。300円。ガイドなしに辿り着くのは困難）

⑧日中不再戦友好碑

ⓒ NPO 花岡平和記念会

中山寮のあった場所を見下ろすダムの東隅に、半島状に突き出しているこんもりとした丘の上に建てられている。

1963年の第2次遺骨発掘・送還運動で、全国から約500名の人々が集まって実施した「一鍬運動」を記念して寄附を募り、建立した。石碑は66年に完成した。

碑の裏面には、「日本中国両国関心ある人々の援助の下にここに日中不再戦友好碑を建立する」に始まり、事件の概要が記されている。そして、「われらは永遠にこの事実を銘記し石に刻して両国人民子々孫々に至るまでの不再戦友好の誓とする」と結ばれている。

(JR大館駅前より北陽中学前行バス（経由地問わず）で約20分、花岡桜町下車、徒歩40分。300円。ガイドなしに辿り着くのは困難で、同和鉱業の社有地の中にあるため、事前に許可を得ることが求められている)

⑨滝ノ沢暗渠跡

同和鉱業と鹿島組の工事請負契約書には、鹿島が請け負う用務の内容として、「花岡選鉱場建設工事」とある。その他として、鉱滓堆場及び付属工事施工があげられている。

この契約を受け、鹿島組は国（厚生大臣）に対して中国人使役の申し入れを行った。使役条件として、「築堤」、「排水暗渠」、「山腹水路」作業にあわせて300人を要請しており、工期は1944年4月から45年7月となっている。場所は滝ノ沢温泉の近くだが、現在温泉は営業していない。

この工事に従事させるため、1944年8月8日、強制連行された第1次の299名が中山寮に到着した。同契約書によれば、旧花岡川の水路変更工事は44年11月からとされており、それに従事させるため第2次、第3次の強制連行があったことが分かる。

（JR大館駅前より北陽中学前行バス（経由地問わず）で約20分、花岡桜町下車、徒歩50分。300円。ガイドなしに辿り着くのは困難）

⑩獅子ヶ森

花岡鉱山に強制連行された中国人979人のうち137人（うち7人は日本に着くまでに死亡）が、栄養失調や暴行によって死亡するという状況の中で、残った人たちは蜂起して逃走する覚悟を固め、1945年6月30日の深夜に決行した。

しかし、「重症者の一群は神山付近で最初に捕まり、次に身体の弱っている一群が旧松峰付近で捕まってしまい、残る主力集団約300人も獅子ヶ森山中に逃げ込み抵抗はしたものの食糧も水も無く力尽き次々と捕らえられ」た（本書「はじめに」）とされる。

逃走した中国人を捕まえるため、2万4000人を超える憲兵、警察官、自警団が動員されたと言われている。獅子ヶ森山中には、事件を偲ばせる有形物は残っていない。

（JR大館駅前より獅子ヶ森環状線乗車（経由地問わず）で約14分、獅子ヶ森下。230円。山頂まで徒歩20分）

⑪大館市立郷土博物館

獅子ヶ森の麓にあり、花岡事件関係でも、いくつかの資料を見ることができる。
入館料：大人 330 円、高校生・大学生 220 円、中学生・小学生 110 円。月曜日は休館。

（JR 大館駅前より獅子ヶ森環状線乗車（経由地問わず）で約 14 分、獅子ヶ森下。230 円。徒歩 4 分）

⑫小坂鉄道花岡線跡

旧国鉄大館駅と花岡鉱山を結んでいた鉄道。開設当初は鉱石輸送専用だったが、1909 年に小坂鉄道に譲渡されて以降、旅客営業も行った。日本に強制連行された中国人は、国鉄大館駅に降り立つと、近くの小坂鉄道大館駅まで歩き、そこから鉄路、花岡鉱山に運ばれた。1985 年に花岡線全線が廃止（小坂線の廃止は 2009 年)。いくつかの場所でレールなどの跡が残っている。

（小坂鉄道大館駅は JR 大館駅前より約 100 メートル）

主な花岡事件関係著作一覧

花岡事件の人たち —中国人強制連行の記録（野添憲治 / 著、インタープレイ、2016 年）

花岡を忘れるな—耿諄の生涯（野添憲治 / 編、耿碩宇他 / 著、社会評論社、2014 年）

フィールドワーク花岡事件—学び・調べ・考えよう（平和文化、2011 年）

花岡事件「秋田裁判記録」（石飛仁 / 監修、彩流社、2010 年）

花岡事件　「鹿島交渉」の軌跡 : —『悪魔の証明』増補改題（石飛仁 / 著、彩流社、2010 年）

シリーズ・花岡事件の人たち—中国人強制連行の記録　〈第 1 集〉強制連行、〈第 2 集〉蜂起前後、〈第 3 集〉花岡鉱山、〈第 4 集〉戦争責任（野添憲治 / 著、社会評論社、2007 年～ 2008 年。以下 3 冊はサブタイトル以下は同じ。）

国家の責任と人権—軍隊規律論・安全配慮義務の法理（新美隆 / 著、結書房、2006 年）

花岡事件横浜法廷記録— BC 級戦犯裁判の代表的事例（総和社、2006 年）

尊厳—半世紀を歩いた「花岡事件」（旻子 / 著、山邉悠喜子 / 訳、日本僑報社、2005 年）

地底の人々（松田解子、澤田出版、2004 年。初出は世界文化社、1953 年）

ジュニアルポルタージュ選書・花岡一九四五年・夏—強制連行された耿諄の記録（野添憲治 / 著、貝原浩 / 画 、パロル舎、2000 年）

花岡事件と中国人（野添憲治 / 著、三一書房、1997 年）

花岡事件を追う—中国人強制連行の責任を問い直す（野添憲治 / 著、御茶の水書房、1996 年）

花岡事件— FOR BEGINNERS シリーズ（石飛仁 / 著 、西川塾 / 画、現代書館、1996 年）

花岡事件の人たち—中国人強制連行の記録（野添憲治 / 著、社会思想社、1995 年）

花岡事件 異境の虹—企業の戦争犯罪（池川包男 / 著、社会思想社 1995 年）

花岡事件—日本に俘虜となった中国人の手記（劉智渠・陳蕚芳他 / 著、岩波書店、1995 年）

わが愛は山の彼方に—高橋實・人と著作（同書刊行委員会 / 編、萌文社、1994 年）

花岡事件を見た 20 人の証言（野添憲治 / 著、お茶の水書房、1993 年）

聞き書き 花岡事件（野添憲治 / 著、御茶の水書房、1992 年）

ドキュメント 悪魔の証明—検証 中国人強制連行事件の 40 年（石飛仁 / 著、経林書房、1987 年）

花岡事件ノート（清水弟 / 著、秋田書房、1987 年）

安藤昌益入門—花岡事件から昌益の発掘・教材化まで（佐藤貞夫・佐藤守 / 著、秋田県歴史教育者協議会 / 編、民衆社、1977 年）

異境の虹—花岡事件 もう一つの戦後（舟田次郎 / 著、たいまつ社、1976 年）

草の墓標—中国人強制連行事件の記録（中国人強制連行事件資料編纂委員会 / 編、新日本出版社、1964 年）

〈資料集〉「花岡事件 40 周年記念集会の記録誌」「同 50 周年記念誌」「同 60 周年記念誌」「同 70 周年記念誌」（同編集委員会 / 編、花岡の地・日中不再戦友好碑をまもる会 / 発行、国会図書館所蔵）

池田香代子（いけだ・かよこ）

ドイツ文学翻訳家、口承文芸研究家。1948年生まれ、東京都立大学人文学部独文学科卒。『夜と霧』『ソフィーの世界』（翻訳）、『世界がもし100人の村だったら』（著作）など著訳書多数。

石田寛（いしだ・ひろし）

秋田県議会議員(7期)。1947年大館市生まれ、日本大学商学部卒業後、大館市議(4期)。マリ共和国への支援米活動など市民運動を広く展開。

小畑元（おばた・はじめ）

元秋田県大館市長（1991-2015年）。1948年生まれ。東京大学文学部及び工学部卒業後、建設省海外協力官、青森大学教授などを歴任。

川田繁幸（かわた・しげゆき）

弁護士。1953年生まれ、東北大学法学部卒。1999年度秋田弁護士会会長。日中平和大館会議代表、NPO花岡平和記念会理事長。

内田雅敏（うちだ・まさとし）

弁護士。1945年生まれ。中国人強制労働、靖国問題などに取り組む。著書に『元徴用工和解への道』、『靖国神社参拝の何が問題か』等。

山本陽一（やまもと・よういち）山本常松元花岡町長の長男。

谷地田恒夫（やちた・つねお）ユニオン大館執行委員長。

花岡の心を受け継ぐ

大館市が中国人犠牲者を慰霊し続ける理由

2021年7月10日　第1刷発行

著　者　ⓒ池田香代子, 石田寛, 小畑元, 川田繁幸, 内田雅敏, 山本陽一, 谷地田恒夫

発行者　竹村正治

発行所　株式会社　かもがわ出版

〒602-8119　京都市上京区堀川通出水西入

TEL 075-432-2868 FAX 075-432-2869

振替　01010-5-12436

ホームページ　http://www.kamogawa.co.jp

印刷所　シナノ書籍印刷株式会社

ISBN978-4-7803-1168-6　C0031